힘든 시기일수록 정신력도
시련과 역경을 극복하...
정신력보다 체력이 필요하기 때문입니다.
하고 싶은 일을 오랫동안 제대로 하게 위해서는
운동으로 다져진 근력이 필요습니다
진짜 부자는 재테크나 금테크보다
근육에 투자하는 근테크를 강조합니다.
근력은 꿈으로 가는 원동력이자 추진력입니다.
당신의 건강과 행복을 위해
지금부터라도 몸에 투자하십시오.
몸이 나를 책임해주는 정체성이자
가능성이기 때문입니다.

부자의
1원칙,
몸에
투자하라

부자의 1원칙, 몸에 투자하라

2021년 02월 15일 초판 01쇄 발행
2023년 08월 10일 초판 04쇄 발행

지은이 유영만 · 김예림

발행인 이규상   편집인 임현숙
편집팀장 김은영   교정교열 신진
기획편집팀 문지연 이은영 강정민 정윤정 고은솔
마케팅팀 강현덕 이순복 김별 강소희 이채영 김희진 박예림
디자인팀 최희민 두형주   회계팀 김하나

펴낸곳 ㈜백도씨
출판등록 제2012-000170호(2007년 6월 22일)
주소 03044 서울시 종로구 효자로7길 23, 3층(통의동 7-33)
전화 02 3443 0311(편집) 02 3012 0117(마케팅)   팩스 02 3012 3010
이메일 book@100doci.com(편집·원고 투고) valva@100doci.com(유통·사업 제휴)
포스트 https://post.naver.com/black-fish   블로그 https://blog.naver.com/black-fish
인스타그램 @blackfish_book

ISBN 978-89-6833-293-7 03190
ⓒ유영만 · 김예림, 2021, Printed in Korea

부자의
1원칙,

몸에
투자하라

부와 운을 끌어당기는 몸 수업

유영만 + 김예림 지음

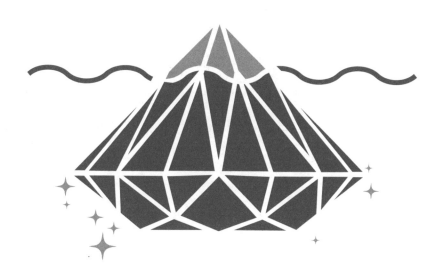

블랙피쉬
Black Fish

가난한 사람은 비웃지만
부자들은 반드시 지키는 1원칙

1원칙은 물러설 수 없는 난공불락의 철칙이자 습관적으로 실천해야 될 규칙이다. 1원칙을 지키고 생활 습관으로 만든 사람만이 일류가 될 수 있다. 그럼에도 1원칙을 지키지 않고 해당 분야의 경지에—변칙을 써서라도—빨리 올라가려는 사람들이 많다. 부자도 마찬가지다. 부자의 1원칙은 돈을 어떻게 벌면 경제적 여유를 누릴 수 있는가에 있지 않다. 부자의 1원칙은 부동산이나 주식 투자에 관한 법칙이 아니다. 부동산에 투자해서는 부동의 1위가 될 수 없고, 주식에 투자하다 주식主食을 걱정하게 될 수도 있다. 오히려 부자의 1원칙은 부자가 되기 위해서 반드시 갈고 닦아야 할 기본기이자 필살기에서 출발한다. 즉, 몸이 나의 자부심이고 세상을 바꿔나가는 무게 중심이라고 생각하는 믿음에서 시작한다.

왜 부자는 주식이나 부동산보다 자기 몸에 투자해야 하는가? 첫째, 부자는 단기전이 아니라 장기전의 산물이다. 꿈과 비전을 달성하는 여정은 녹록치 않다. 숱한 시련과 역경이 도사리고 있고 예기치 못한 장애물과 걸림돌이 곳곳에서 호시탐탐 기회를 엿보고 있다. 부자는 이런 난관을 극복해내는 근본적인 동력이 몸에서 나온다고 믿고, 자기 관리를 철저하게 실천하는 사람이다. 몸은 마음이 거주하는 우주다. 몸이 망가지면 마음도 무너진다. 마음이 무너진다는 것은 미지의 세계를 향해 도전하고 싶은 열망과 남다른 노력으로 성취감을 맛보고 싶은 욕망이 없어진다는 이야기다. 몸이 따라주지 않으면 자신이 추구하는 꿈에 대해 의구심이 들고 조바심이 머리를 들기 시작하면서 부자가 되기까지의 긴 여정을 견뎌낼 인내심이 실종된다. 부자가 되지 못하는 사람은 마인드로 몸을 통제하려다 결국 무너지는 사람이다. 몸은 머리의 명령을 듣지 않는다. 하고 싶어도 하지 못하는 이유는 몸이 부실해졌기 때문이다. 몸이 말을 듣지 않으면 부자의 꿈은 사라지고 인생은 부도가 난다.

둘째, 부자는 책상머리에 앉아 잔머리 굴리면서 요리조리 생각해낸 아이디어의 산물이 아니다. 부자는 오히려 몸을 이리저리 움직이면서 자신의 구상을 현실로 끌어당겨 행동하고 실천하면서 생긴 아름다운 모습이다. 부자는 몸으로 마인드를 통제하고 조정하는 사람이다. 부자가 되는 사람은 부단히 몸을 움직여 몸에 밴 행동 지식이 풍부한 사람이다. 탁월한 생각과 위대한 아이디어만으로는 세상을 바꾸지 못한다. 생각이 부식하거나 부패하는 이유는 실천 없이 고민만 반복하거나, 행동하지 않고 검토에 검토를 거듭하기 때문이다. 운동은 사유 대상이 아니라 행동하고 실천하는 문제다. 운동에 대해 생각을 많이 한다고 해서, 운동의 필요성을 머리로 많이 알고 다짐하고 마음먹는다고 해서 운동을 하게 되는 것이 아니다. 운동은 우선 시작해야 생기는 행운이다. 세상을 바꾸는 사람은 생각과 아이디어를 몸을 움직여 실천에 옮김으로써 체화된 실천적 지혜를 갖고 있는 사람이다. 뭔가를 해보고 싶은 욕망이 자신을 아무리 부추겨도 이것을 현실로 구현할 강력한 추진력이 없다면 욕망은 허망한 몽상이나 환상으로 전락한다. 추진력과 열정은 생각이나 마음이 아니라 몸이 만들어내는 강력한 원동력이다.

셋째, 부자는 자신에게도 도움이 되지만 타인에게도 혜택이 되는 행복한 봉사를 실천하는 사람이다. 부자는 단순히 돈을 많이 벌어서 개인적 자유를 만끽하려는 사람이 아니라, 덕분에 얻은 행운으로 꿈을 이루었다고 생각하는 사람이다. 부자의 근면하고 성실한 자세와 태도는 건강한 몸, 특히 튼실한 체력에서 나온다. 체력은 근력이 일정한 목적을 향해 움직일 때 발휘하는 원동력이다. 진정한 부자는 어느 정도 꿈을 이루고 나서도 끊임없이 자신의 재능과 부를 아낌없이 나눔으로써 따뜻한 사회를 만들어가는 데 일조하는 사람이다. 부자들이 생각하는 행복은 관념적 사유에서 오지 않고 구체적 실천에서 온다. 부자는 행동하면 행복해진다고 믿는다. 행동하면서 행복한 삶을 만들어가는 원동력은 바로 운동을 통해 단련한 신체성에서 생긴다. 이것이 부자가 밥 먹듯이 운동하면서 몸에 투자하는 이유다. 부자는 재테크로 단순히 돈만 번 사람이 아니라 근력에 투자해서 자신이 하고 싶은 일을 즐겁고 신나게 즐기면서 공동체 발전에 헌신하는 사람이다.

실제로 성공한 CEO들을 살펴봐도 우리가 갖고 있는 문제의식과 일맥상통한다. 애플을 처음 만들 때 스티브 잡스는 절친한 친구 워즈니악과 차고에서 첫 컴퓨터를 만들었고, 마크 주커버그는 하버드의 주소록을 지칭하는 페이스북에서 첫 사업의 힌트를 얻었다. 워렌 버핏 역시 주식을 38달러에 매입해 40달러에 되판 것으로 첫 수익을 기록하면서 투자 전문가의 꿈을 키웠다. 누구나 시작은 작고 미약하다. 그러나 열악한 환경일지라도 그 상황을 돌파해가는 도전과 열정의 에너지는 철저한 현실 인식에서 온다. 성공한 부자들은 자신이 처해 있는 환경과 그 현상, 현상을 극복하기 위해 현재 확보할 수 있는 자원을 철저히 분석하고 살핀다. 기회의 실마리가 어렴풋이 보이면 행동의 원칙을 최대한 단순화해 기회를 현실로 가져올 방법을 찾는다. '시작'하는 가장 쉬운 방법은 바로 시도하는 것이다. 단순하지만 원칙에 입각해 시도하며, 현실의 벽에 부딪치면 실현 가능한 방법을 강구해 개선해본다. 완벽한 판을 짜고 시작하는 것이 아니라 '시도'하고 '개선'하는 과정에서 자연스럽게 재투자가 일어나고, 성장과 향상이 일어난다. 부자들이 성공한 실마리에는 과감한 추진력으로 이어지는 '행동'이 있다. 행동이 드러나기까지 의지가 씨앗을 심고, 해내고 싶다는 욕망이 행동을 발동시키는 촉진제 역할을 한다. 그러나 씨앗과 촉진제가 있다고 해도, 결정적으로 당신이 행동을 이끌어내기까지는 '몸'의 움직임이 필수적이다. 사업의 씨앗을 싹틔우는 중심이자 정상 궤도로 끌어올리는 인내심의 원동력은 바로 우리의 몸이다.

갈수록 삶은 각박해지고 넘어야 할 산이 많아지는 현실이다. 생각은 많아지고 상황은 점점 나빠지고 있다. 그렇다고 내가 감당해야 할 일이 줄어드는 것은 아니다. 오히려 더 힘든 상황이 설상가상으로 가중되고, 그것이 우리를 더 힘들게 할 것이다. 난국을 돌파하고 고통을 감내하는 것은 오로지 내 몸의 몫이다. 믿을 건 몸뿐이다. 오늘도 내 몸을 믿고 내 몸에 투자해야 하는 이유다. 몸이 중심을 잡고 바로 일어설 때 비로소 나는 나에게 주어진 일을 감당할 수 있는 사람이 된다. 내가 있어야 할 곳에서 내 힘으로 해야 할 일을 묵묵히 해내며 내 자리를 지켜내는 사람이 부자가 될 수 있다.

부자의 여유와 자유를 즐기고 싶은가. 그렇다면 오늘부터 당장 시작해야 할 단 한 가지가 있다. 이 책을 읽고 몸에 투자하는 것이다. 부자가 되고 싶은 사람에게 이 책은 전혀 다른 출발점을 제시하고, 인생의 나침반이 되어줄 것이라 믿어 의심치 않는다.

2021년 신축년을 온몸으로 시작하며
지식생태학자 유영만 · 운동심리학자 김예림

차례

일러두기   이 책은 두 명의 저자가 함께 집필했다. 1~9장까지는 유영만 작가, 10~14장까지는
김예림 작가의 글이다.

**부자의
1원칙,
몸에
투자하라**

01

불황에도 살아남는 사람은
'이것'에 투자한다

불황이 오면 심리적 공황이 온다. 평상시와는 다르게 행동반경이 줄어들고 마음도 움츠러든다. 그런데 불황에도 불구하고 불면의 밤을 보내며 절치부심하는 사람이 있다. '진짜 부자'가 그렇다. 불황을 극복하는 묘안을 구상하기 위해서다. 불면의 밤이 불멸의 작품을 낳는다. 그리고 불멸의 작품은 머리가 아니라 몸이 만든다. 진짜 부자는 경기가 좋을 때도 밥 먹듯이 운동하지만 불황 국면에 접어들면 근력 운동에 주력한다. 근력이 마지막까지 버티면서 사업을 이끌고 갈 원동력이라고 생각하기 때문이다.

변함없이 운동하면 신체 근육이 생기고 몸이 변한다. 변함없이 책을 읽으면 책을 읽는 정신 근육이 생기고 독서 내공이 쌓인다. 변함없이 글을 쓰면 쓰기 실력이 늘고 그렇게 쓴 글은 쓰임이 생기기도 한다. 그렇게 우리는 무언가를 변함없이 반복해야 원하는 변화와 마주할 수 있다. 중간에 그만두면 변화는 결코 일어나지 않는다.

변함없이 운동하면 체지방이 감소하고 근육량이 증가한다. 근육량이 증가하면 허리가 바로 서고 가슴이 펴지며 자세가 좋아지는데, 몸이 균형을 잡아가면서 체격도 좋아진다. 체력 또한 놀랍도록 좋아지는데, 근력筋力이 증가하면 강인한 체력體力으로 뿌리까지 파고들어 뭔가를 해내고야 마는 근력根力도 증가한다. 체격과 체력이 좋아지면 더불어 뇌력이 좋아지고 사람의 품격도 빛나 보이기 시작한다.

근육이 생기면 이전보다 힘든 상황을 버티는 힘이 생긴다. 그런데 이 원리가 재미있다. 근육에 힘을 주어서 힘들게 해야 힘이 생긴다. 운동을 해서 근육에 상처가 생길 정도로 힘을 가해야 상처가 아물면서 근육의 힘이 강해진다. 힘이 들어야 없던 힘이 생기는 것이다.

몸은 거짓말을 하지 않는다. 내 몸은 내가 흘린 땀의 결과다. 밥 먹듯이 운동하면 그만큼 매력적인 몸으로 바뀐다. 뿐만 아니다. 운동으로 땀을 흘리면 정신은 한가해지고 안정을 찾아 맑아진다. 상쾌한 몸이 명쾌한 머리와 유쾌한 가슴, 통쾌한 영혼을 만드는 것이다. 몸이 상쾌하지 않으면 머리는 복잡해지고, 가슴은 답답해지고,

영혼은 혼이 빠져나가 멍청해진다.

상쾌한 몸은 책상에서 만들 수 없다. 운동으로 땀을 흘려야만 만들 수 있다. 상쾌한 몸에서는 신체 에너지가 솟아난다. 그리고 신체 에너지가 솟아나는 사람은 다른 사람에게 명쾌, 유쾌, 통쾌한 에너지를 줄 수 있다. 신체 에너지는 모든 에너지의 기반이자 근본 에너지다. 평생 몸을 가꾸고 운동을 게을리 하지 말아야 하는 가장 근본적인 이유다. 그런데 어떤 사람들은 몸보다 마음, 길들여지지 않는 신체적 야성보다 책상에서 갈고닦아 만드는 지성, 몸으로 느끼는 느낌보다 머리로 생각하는 논리를 더 중요하게 생각하면서 그것들을 우선적으로 개발하려 한다. 그러나 몸은 나의 중심이다. 근간을 이루는 몸이 무너지면 모든 감성과 지성, 그리고 영성이 무너지고 만다.

몸이 달라지면 세상도 달라진다

변함없이 운동하면 몸의 놀라운 변화와 함께 세상은 경이로운 기적으로 다가온다. 우선 밥 먹듯이 운동하면 체력이 놀랍게 향상된다. 나는 1년 365일 운동을 한다. 매일 새벽 일정한 시간에 무조건 일어나 피트니스 센터로 달려간다. 그리고 신체 부위별로 주기적인 운동 프로그램을 따른다. 하루는 유산소 운동만 중점적으로 한다. 러닝머신 위를 빠르게 걸은 뒤 경사지를 40분 이상 걷거나 자전거를 탄다. 유산소 운동은 체지방을 태워 몸을 가볍게 해주고 심장과 폐를 튼튼하게 만들어 온몸에 피가 잘 돌게 해준다. 무엇보다 온몸에 땀이 흐르면서 몸은 가벼워지고 머리는 맑아진다. 땀과 함께 노폐물이 배출된 내 몸에는 맑은 기운이 감돌기 시작한다. 좋은 생각이 갑자기 떠오르면서 골머리를 앓던 문제가 말끔히 해결되기도 한다.

꿈꾸는 동안은 동안童顏이지만 운동하는 동안에도 동안童顏이다. 내면의 에너지를 충전해주는 유산소 운동은 피부 또한 건강하게 만들어준다. 운동으로 혈액순환이 왕성해지면 저절로 피부에 윤기가 나고 젊어 보인다. 안이 불편한데 밖에 뭔가를 바르고 꾸민다고 문제가 해결되지는 않는다. 안의 변화가 밖의 변화를 끌고 온다.

밥 먹듯이 운동하는 사람은 지속적인 운동으로 체형이 바로잡히고 체격이 달라지고 얼굴에 화색이 돌면서, 이전과는 다른 면모를 보이게 된다. 무엇보다 인격과 품격이 달라진다. 얼굴에서 뿜어 나오는 건강한 기운이 내면의 기운을 짐작케 한다. 운동 부족인 사람에게서 찾을 수 없는 건강한 외모와 기운, 말할 수 없는 아우라가 뿜어져 나온다. 넘치는 신체 에너지는 자신도 모르게 다른 사람에게 흘러가 긍정적인 기운을 전해준다. 운동하는 사람은 말하는 자세와 태도도 남다르다. 따뜻한 시선과 긍정적인 언어로 세상을 바라본다. 생각만 조금 바뀌면 지금 우리가 살아가는 세상이 무한한 가능성의 천국이 될 수 있다고 생각한다. 안 되는 이유나 핑계보다 되게 하는 방법, 될 수밖에 없는 필연성을 떠올린다. 몸이 받쳐주니 자신감이 넘치고 언제나 열정적으로 움직인다. 걷는 모습도 활기차고 뒷모습도 허리가 똑바로 서 있다. 자신을 세상의 중심에 세우는 몸이 따라주니 모든 것이 저절로 따라온다.

몸은 마음먹은 대로 움직이지 않는다

대부분 성공한 부자들은 부지런히 움직인다. 움직이는 행동반경의 깊이와 넓이만큼 부의 원천을 찾을 수 있다고 생각하기 때문이다. 그들은 한계에 도전하지 않는, 도전하기도 전에 한계선을 긋는 사람을 싫어한다. 부자들에 따르면 한계는 한 게 없는 사람들의 핑계다. 진짜 부자는 건강한 몸과 따뜻한 마음으로 오늘보다 나은 내일을 꿈꾸며 끊임없이 도전하는 사람이다. 부자에게 '이만하면

됐다'는 말은 통용되지 않는다. 오늘보다 더 나아지기 위해 부단히 애쓰면서 스스로의 한계를 몸으로 극복하는 사람이다. 부자도 체력이 되고 근력이 있어야 될 수 있는 이유다.

몸이 건강한 사람들은 현실에 안주하고 지루한 삶을 반복하는 밋밋한 생활 자체를 싫어한다. 색다른 일을 추진해보고 싶은 의욕이 넘치며 남들이 쉽게 해내기 어려운 도전 과제를 설정하고 끊임없이 한계에 몸을 던진다. 그렇게 한계에 도전하는 과정에서 몸은 더욱 단련되고 이전보다 더 높은 난이도로의 도전이 반복된다. 그 과정에서 느끼는 감동은 또 다른 도전을 반복하게 만드는 에너지원으로 작용한다. 비슷한 일을 반복하는 과정에 흥미를 느끼지 못하고, 어제와는 다른 방법으로 시도하는 걸 즐긴다. 어떤 어려운 일을 해도, 터무니없이 부족한 시간이 주어져도 집중과 몰입을 통해 반드시 해내고야 말겠다는 강한 집념과 의지를 불태운다. 이처럼 매사를 긍정적으로 생각하는 기운은 건강한 몸에서 나오는 에너지다. 경쟁자를 따돌리거나 포기하지 않고 버티는 힘은 마인드 파워에서 나오지 않는다. 그것은 강인한 신체에서 나오는 체력이다. 체력이 강한 사람은 놀라운 집중력을 발휘하고 남들이 포기하는 지점에서도 쉽게 백기를 들지 않는다. 반면에 체력이 부실한 사람은 일찍 포기한다. 한계 상황에 처할수록 몸은 머리의 명령을 들지 않는다. 아니, 머리의 명령을 수행할 수 없는 몸의 상태가 된다. 그 상황에서는 마인드 컨트롤도 되지 않는다. 생각한 대로, 마음먹은 대로 몸이 움직이지 않는다. 오히려 극한의 한계 상황에서는 몸이 움직이는 대로 마음이 움직인다고 해야 할 것이다. 몸은 마음이 거주하는 우주다. 몸이 망가지면 마음도 거주할 곳을 잃는다.

몸이 건강해지면 시련과 역경을 견뎌내는 인내심이 증가할 뿐만 아니라 건강한 상상력으로 밝은 미래를 꿈꾸기 시작한다. 병원에 누워 있는 사람의 상상력은 밝은 미래를 구현하지 못한다. 몸이 건강해야 상상력이 건강해진다. 몸이 건강해야 어려움을 겪는 타자의 아픔을 사랑할 수 있으며, 그 아픔을 나의 아픔처럼 생각하는 공감 능력이 높아진다. 공감 능력은 머리로 계산했을 때 나에게 손해가 됨에도 불구하고 자신의 몸을 던져 타자의 아픔을 치유하기 위해 발 벗고 나서는 능력이다. 발 벗고 나서는 공감 능력이야말로 진정한 친구가 갖추어야 할 가장 소중한 미덕이다. 힘든 상황에서도 발 벗고 나서려면 도움을 줄 수 있는 체력이 있어야 한다. 상대를 보듬는 인간적인 배려도 내 몸이 건강할 때 생기는 미덕이다. 마음으로 공감하지만 행동으로 옮기지 못하는 이유는 몸이 부실하기 때문이다. 몸이 말을 듣지 않으면 마음도 닫히기 시작한다. 타자의 아픔을 감지하는 순간 그걸 어떻게 치유할지 밤잠 안 자고 두 가지 이상의 대안을 연결시키는 이연연상二連聯想 능력 역시 체력 없이는 불가능하다. 체력이 따라주지 않으면 집요하게 파고들어 두 가지 이상을 연결시켜 상상력을 발휘하는 과정을 일찌감치 포기한다. 상상력은 밑도 끝도 없는 뜬구름 잡는 공상이나 허상, 망상이나 몽상이 아니다. 상상력은 앉아서 요리조리 머리를 굴려 미지의 세계로 들어가는 생각 연습이 아니다. 오히려 상상력은 타자의 아픔을 치유하기 위해 가능한 한 모든 대안을 끌어다 연결시켜 현실로 구현이 가능한지의 여부를 집요하게 묻고 따지는 치열한 탐구 과정이다. 그러나 체력이 따라주지 않으면 이를 쉽게 포기하고, 더 이상의 대안을 탐색하는 대신 주저앉는다.

신화 창조의 주체는 머리가 아니라 몸이다

건강한 상상력으로 피워낸 아름다운 아이디어라고 해도 아이디어는 아이디어일 뿐이다. 아이디어를 현실로 구현하기 위해서는 마지막까지 포기하지 않고 불굴의 의지로 밀어붙이는 또 다른 체력이 필요하다. 아이디어를 현실로 구현하려면 갖가지 장애물을 넘고, 저항과 비난의 화살을 퍼붓는 사람의 조소와 조롱도 견뎌낼 수 있는 내성과 체력이 필요하다. 몸이 건강해야 어떤 비난의 화살이 날아와도 그걸 긍정적인 가능성으로 전환할 수 있다. 몸이 건강하지 못하면 누군가 보내는 지극히 작은 조소와 조롱도 확대 해석해서 엉뚱한 곳에 에너지를 쏟아 부으려 들기 마련이다. 무엇이 중요한 것인지를 전략적으로 판단해, 새로운 창조로 연결되는 결정적인 순간에 자신의 에너지를 집중적으로 사용하는 지혜 역시 몸에서 나온다. 몸은 나를 세상에서 살아가게 만드는 중심이다. 그 중심이 흔들리면 세상의 모든 것이 함께 흔들리며, 결국 꿈꾸는 목적지에 도달하기도 전에 넘어지고 무너진다. 아름다운 아이디어를 현실로 구현해 창조의 꽃을 피워내기 위해서는 세상의 반대를 무릅쓰고, 본래 품었던 이상을 꽃피우기 위해 다양한 실험과 모색, 시도와 도전, 시행착오와 우여곡절을 겪어내는 체력이 필요하다. 꿈꾸는 세계는 한두 번의 시도로 현실이 되지 않는다. 이 길에서는 생각지도 못한 걸림돌에 넘어져 심각한 손상을 입을 수도 있다. 그럼에도 불구하고 포기하지 않고 일어서 꿈의 목적지로 진군하려는 의지와 야망은 건강한 신체에서 발현되는 정신 능력이다.

꾸준히 몸을 만들어가는 사람은 운동 부족으로 생기는 면역력 결핍에서도 자유롭다. 매일 주기적으로 밥을 먹어야 몸을 유지하는 영양소를 흡수하듯, 매일 주기적으로 운동을 해야 외부의 사소한 바이러스나 세균 등에 감염되지 않는 면역력이 생긴다. 운동으로 단련된 몸은 스트레스를 견딜 수 있는 내성을 지녀서, 보통 사람은 쉽게 무너지는 질병에도 걸리지 않고 건강하게 살아갈 수 있다. 웬만큼 힘든 상황은 능히 극복해낼 수 있는 힘이 생긴다. 피곤해서 도저히 버틸 수 없는 지경에 이르러도 평소 운동으로 몸을 단련했다면 놀라운 피로 극복 에너지를 발휘할 수 있다. 힘들고 어려운 일에 부딪혀도 즐겁고 긍정적인 자세로 임하면서 무리 없이 위기 상황을 탈출한다. 이런 경험이 누적될수록 신체의 내성은 점점 더 강해지고 면역력은 물론 저항력도 같이 생겨서, 보통 사람 같으면 벌써 포기하고 백기를 드는 상황에서도 꿋꿋하게 마지막을 향해 조용하지만 위대한 기적의 텃밭을 일궈나간다. 신화 창조의 주체는 머리가 아니라 몸이다. 생각하는 머리가 세상을 바꾸는 것이 아니라 움직이는 몸이 세상을 바꾼다. 달라진 몸으로 세상을 바꿔나가니 몸은 몸 둘 바를 모른다.

02

'진짜 부자'를 만들어주는
7단계 운동 비법

매년 새해가 밝으면 전 세계인이 가장 많이 언급하는 목표가 있다. 운동, 체중 감량, 금연 등이 그것이다. 건강에 관한 관심은 전 세계를 막론하고 국경과 인종을 초월한 공통의 화두다. 그러나 역설적으로, 많은 이들에게 목표로 언급되고 있다는 것은 그만큼 습관을 만들기 어렵다는 뜻이기도 하다. 물론 어렵다. 하지만 일단 습관으로 만들고 나면 내 삶을 사랑하며 살아가게 된다. 마음먹은 것을 해내는 경험은 자기효능감과 자신감을 키워주고, 건강한 사회 구성원으로서 타인에게 좋은 영향을 미치게 만든다. 재물에만 탐닉하는 졸부가 아닌, '진짜 부자'가 되게 하는 것이다. 미국 로드아일랜드대학교 심리학과 제임스 O. 프로차스카의 운동 지속 행동 7단계 모델에 개인적 경험을 접목하여, '진짜 부자'가 되는 7단계 운동 비법을 제시하고자 한다. 만일 당신이 운동을 습관으로 만들고자 수없이 시도했지만 끝내 이루지 못했다면, 그리고 여전히 시도하고 싶지만 자신의 의지에 대한 확신이 없어 망설이고 있다면 참고해보자. 운동 습관이 안 만들어지는 이유가 당신의 의지력 부족에 있다기보다, 당신을 둘러싼 환경이나 단계별 요소에 있다는 것을 알 수 있을 것이다.

1단계 운동을 왜 하지? 혼동混同과 충동衝動

운동을 왜 해야 하는지 알 것 같기도 모를 것 같기도 한 상태에서 충동적으로 행동하는 단계다. 음식 조절을 해야 한다고 생각하지만 몸은 여전히 습관적 폭식을 반복한다. 운동을 해야 한다고 마음먹지만 날이 바뀌면 언제 그런 결심을 했냐는 식이다. 이 단계의 사람들은 어딘가 심각한 문제가 있지는 않지만 조금도 돌보지 않은 상태의 몸을 이끌고 근근이 살아간다. 운동하면 좋다는 이야기는 귀가 따갑도록 들었지만 막상 운동하기로 결심하고 나면 운동하지 않아도 되는 오만 가지 이유가 생긴다. 운동하는 친구의 변화하는 몸을 보며 내심 부러워하지만 돌아서면 원상 복구되어 이전의 자기 방식대로 살아간다. 한밤중에 갑자기 당기는 치킨과 맥주가 몸에 치명적인 걸 알지만 충동적으로 마시고 먹는다. 결과는 늘 후회의 반복이지만 몸은 지금까지 살아온 관성대로만 움직이려 든다. 이때의 운동 동기는 마치 백화점에서 아이쇼핑을 할 때의 마음가짐과 같다. 있으면 좋을 것 같지만 없다고 딱히 불편하지 않을 것 같은 상태다. 운동 자체의 좋음은 알고 있지만 나와의 연결고리를 만들지 못하기 때문에, 운동은 자각의 범주에 들어오지 못하고 삶의 언저리를 맴돈다. 운동이 좋다고 느끼는 이유 역시 외적인 자극에서 비롯할 뿐이다. 운동을 하려고 수없이 시도하지만 번번이 헬스장에 기부만 하는 실패 경험을 거듭한 결과, 자신의 의지에 대한 사기가 떨어진 상태 역시 운동을 하지 못하는 이유가 된다. 운동에 대해 다양한 정보를 가지고 있지만 정작 자신에게 딱 맞는 운동 정보를 분별하여 선택할 만큼의 지식은 없다.

운동을 시작하지 못하는 이유는 무엇인가? 시작하지 않기 때문이다. 운동을 왜 시작하지 않는가? 운동과 자기 자신의 연결고리를 만들지 못했기 때문이다. 아이러니하게도, 운동과 나의 연결고리는 운동 경험에서만 만들어진다. 일단 시도하고, 운동을 하며 느꼈던 감각과 효능을 자신의 것으로 인식할 수 있다면 혼돈과 충동은 운동을 시작하게 하는 액셀러레이터가 된다. 이때 거창한 목표를 세우며 충동적으로 시작하는 것은 오히려 짐이 된다. 운동을 시작하지 못하는 이유는 천차만별이지만 운동을 시작하는 이유는 없다. 그냥 시작하면 된다. 운동을 시작하기 위해 준비할 필요가 없다. 운동을 시작하면서 준비하면 된다. 프로차스카는 이 1단계를 계획 전 단계Precontemplation-stage라 명명했다. 완벽한 운동 준비는 오히려 완벽한 운동 방해를 가져온다. 그만 먹어야 할 것은 음식만이 아니다. 마음도 있다. 운동하기로 결심하며 자꾸 마음만 먹는다. 운동하기 가장 좋은 때는 지금이다. 지금 당장 시작하지 못하면 내일도 운동을 시작하지 못하는 또 다른 이유와 핑계가 생기기 시작한다. 완벽한 때를 기다리다 몸에 때만 낀다.

2단계 운동 좀 해볼까? 태동胎動과 발동發動

2단계는 운동의 필요성과 중요성을 머리로 알지만 여전히 일시적 다짐에 그치다가 어떤 계기로 운동을 해야겠다는 강력한 동기가 생긴 상태다. 사람은 어떤 행동을 결정할 때 행동 변화의 득과 실을 계산하기 마련이다. 운동을 했을 때 얻는 이익(건강, 외모 등)이 운동을 했을 때 겪는 손실(힘듦, 비용 등)보다 크다는 계산이 나올 때 비로소 운동을 결심하고 운동 계획을 세우게 된다. 따라서 운동을 시작한 사람은 저마다의 강력한 운동 시작 동기가 있다. 이러한 동기는 주로 이렇게 계속 살다가는 건강한 몸과 행복한 삶을 유지하지 못할 거라는 심각한 위기감을 느끼는 순간에서 비롯한다. 대표적인 예로 몸에서 심각한 이상을 발견한 뒤, 그간 방만하게 살며 내 몸에 소홀했던 것에 대한 반성에서 시작하는 경우가 있다. 그리고 내 몸이 외부적 사고로 망가지는 경우 또한 강력한 동기가 된다. 교통사고 후유증으로 코어 근육이 망가져서 목과 허리에 늘 통증을 느끼며 괴로운 시간을 보내다 가벼운 스트레칭과 근력 운동으로 아픈 부위를 달래며 운동을 시작하는 경우가 그렇다. 이 외에도 운동을 했을 때 얻게 되는 사회적 관계상의 이점을 생각한다거나, 자신의 가치관에 부합하는 새로운 변화의 수단으로 운동을 선택하게 되는 경우 또한 대표적인 동기다.

이 단계의 사람들은 운동을 시작해서 변화한 사람들의 책이나 유튜브 동영상 등을 찾아보면서, 스스로 운동을 계속하지 않으면 지금 이후의 삶이 참으로 불행할 것이라는 위기감을 스스로에게 각인시킨다. 그리고 운동을 본격적으로 해야겠다는 다짐을 넘어, 직접 몸을 움직여 운동을 시작하는 발판을 마련한다. 다소 고무적이지만 잠시라도 긴장을 끈을 내려놓으면 바로 이전의 일상으로 원상으로 복구되고 마는 위험한 단계기도 하다.

천신만고 끝에 시작한 운동을 계속 반복하는 동력은 어디서 얻을 수 있을까? 운동 동기와 자신과의 연결고리가 견고하고, 변화에 대한 필요성이 강하게 자신을 자극할 때 운동은 지속된다. 어렵게 피워낸 운동의 씨앗에서 싹이 자라고 줄기가 자라 가지를 뻗게 만드는 방법은 운동을 시작하기 전에 너무 많이 생각하지 않는 것이다. 무라카미 하루키의 《달리기를 할 때 내가 하고 싶은 이야기》에서도 달릴 때 주로 하는 생각은 "아무 생각도 하지 않는 것"이라고 언급했다.¹ 운동을 할 때는 자신을 비우고 움직임에 집중해야 한다. 그래야 운동 후 반복적으로 이뤄낸 성과가 쌓이고 있음에 성취감을 느낄 수 있다. 동기가 아무리 강해도 한 번의 운동으로는 아픈 부위가 나아지지 않고 금방 살이 빠지지 않는다. 하루하루 몸이 바뀌어가는 것에 일희일비하면 운동을 지속하기 어렵다. 따라서 처음에는 너무 거창한 '결과 목표'를 두고 운동을 시작하기보다 매일 운동을 하는 것 자체에 목표를 두어야 한다. 생각이 깊어지면 다시 운동을 하지 않아도 되는 이유를 생각하기 마련이다. 며칠 동안 몇 킬로 빼기라든가 특정 부위 발달시키기 등의 목표는 즉각적인 결과가 없으므로 운동의 흥미를 떨어뜨릴 뿐이다. 일주일 정도는 무조건 성공할 수 있는 '과정 목표'를 세우는 것이 좋다. ○ × 체크만 하면 되는 간단한 목표를 정하고 작은 성과를 꾸준히 이뤄내는 것이 의식적인 운동 지속에 도움이 된다. 거창한 목표를 두고 갑작스레 고강도 운동이나 긴 시간 운동을 하려고 하기보다 즐길 만한 적당한 수준의 운동을 목표로 하는 것이 좋다.

초기의 운동 동기를 지속적인 습관으로 이어가기 위해서는 운동을 시작하기 위한 환경을 구축하는 것도 도움이 된다. 일어나자마자 눈에 보이는 곳에 운동복을 두거나, 예쁜 운동복을 구매하는 것, 운동을 시작하게 하는 문구를 적어 현관문 앞에 두는 것도 좋다. 일종의 넛지Nudge 전략이다. 계단을 오르는 것이 건강에 도움이 된다고 아무리 강조해도 보통은 바로 옆에 있는 에스컬레이터나 엘리베이터를 타기 마련이다. 그러나 계단에 피아노 건반처럼 소리 나는 장치를 설치했을 때 사람들은 재미있게 계단을 오르기도 한다. 운동은 나의 의지만으로 지속되기 어렵다. 운동을 위한 환경을 조성하는 것은 그래서 중요하다.

3단계 운동 계속 해야 돼? 노동勞動과 반동反動

운동에 대한 결심이 실천이 되고, 일주일 정도 운동을 지속한 후에는 몸에 새로운 관성이 생기기 시작한다. 여태까지의 노력을 허사로 만들기 싫다는 마음이 생기는 시기이지만, 아직 운동을 기꺼이 나가게 되지는 않는다. 대단한 결심이 결연한 결행으로 이어져 운동을 드디어 시작했지만 아직 운동이 즐겁지 않고 괴로운 '노동'인 상태다. 노동은 하기 싫은 일을 억지로 하는 힘든 것이다. 매일 반복하지만 어제와 다른 차이를 느끼지 못하기 때문에 강제적으로 할 수밖에 없는 지루함의 연속이다. 하면 좋다는 것을 알지만 운동하러 나가는 길이 귀찮고, 운동을 시작하기까지의 과정이 스스로 자연스럽지 않다. 일단 하고는 있지만 즉각적인 결과를 느끼기 어렵기 때문에 스스로 운동을 지속하는 것에 대해 보상 심리가 스멀스멀 발동하기 시작한다. 운동을 하고 있지만 틈만 나면 운동을 하지 않아도 되는 이유를 생각하고 공연한 핑계를 들기도 한다. 예를 들면 어제 회식을 늦게까지 하면서 과음을 한 관계로 오늘 하루 정도는 쉬어주는 게 몸에 대한 예의라고 생각한다. 그동안 짧게나마 꾸준히 운동해온 나를 위한 제대로 된 보상 체계가 마련되어 있지 않기 때문에, 운동한 나를 위한 보상이 운동을 하지 않고 쉬는 형태로 주어진다. 운동하지 않았던 상태로 돌아가려는 관성이 작용하는 것이다. 하지 않으면 안 되는 이유보다 하지 않아도 되는 이유가 온몸을 파고든다. 따라서 이 단계에서는 아직 운동의 습관이 무르익지 않은 자신을 위한 보상의 설정이 필요하다. 그리고 그 보상이 발전적인 방식으로 설정되기 위해서는 몇 가지의 조건이 필요하다. 첫 번째, 삶에 정착시키려는 습관, 즉 운동하는 행동을 해치지 않는 보상일 것. 두 번째, 운동에 자신감을 부여하는 보상일 것. 세 번째, 보상의 효과가 즉각적일 것 등이다. 적절한 보상이 설정되지 못하면 운동은 노동이 된다. 노동으로 하는 운동이기 때문에 반대하려는 움직임인 '반동'이 우세할 경우 결국 운동을 멈추는 안타까운 사태가 발생한다. 운동하기 싫은 몸을 이끌고 왜 운동해야 되는지 그 필요성과 중요성을 인식하고, 처음 운동을 시작할 때의 마음으로 돌아가 운동을 계속해야 하는 절박한 이유를 몸으로 느껴보려고 안간힘을 쓰지만, 사람의 의지력에는 한계가 있다. 의지력 배터리는 쉽게 고갈되고, 운동을 습관으로 만들기 위해 최선의 노력을 다했지만 좌절한 경험이 거듭되면 '운동은 내게 맞지 않아', '운동을 꾸준히 하는 사람들은 나와는 다른 사람들이야' 등의 생각에 사로잡힌다. 하지만 이는 단지 운동에 대한 적절한 보상 체계를 스스로 설정해두지 못했기 때문이다.

괴로운 운동을 어떻게 하면 즐거움과 재미, 나아가 근본적인 기쁨을 느끼게 될까? 운동을 꾸준히 해왔던 사람들의 보상 체계를 관찰해보면, 매일의 운동에서 그들 나름의 성과를 확인하고 스스로 보상하는 모습을 관찰할 수 있다. 어제보다 조금씩 성장하는 자신을 발견한다든지, 강도를 조금씩 높이며 근력이 성장하는 모습을 발견한다든지, 새로운 운동을 시작하며 즐겁게 참여하는 자신의 체력을 확인하는 등의 모습이다. 이 단계에서는 운동을 '했다, 안 했다'의 거시적인 관점에서 들여다보기보다는 운동하는 순간 순간의 자기 자신을 미시적으로 들여다보고, 움직임의 질적 체험이 얼마나 성장하고 있는지를 들여다봐야 한다. 외적인 보상이 아닌, 내적인 보상으로 스스로를 흠뻑 칭찬해주는 것이다. 자신이 느끼는 움직임의 실체가 궁금해 운동 관련 정보나 서적을 찾아보거나, 스포츠센터의 코치에게 움직임에 대해 질문할 수 있을 정도의 호기심이 발동한다면 당신의 내적 보상 체계는 이미 가동하고 있는 것이다. 횟수나 강도에 집착하지 말고, 움직임과 호흡을 느리게 가져가면서 움직임과 느낌에 집중해보자. 내 안에 존재하는 반동은 '왜 해야 하는지' 모르는 노동의 상태에서만 일어난다. 노동하는 직장인은 자기 일을 사랑하지 않지만 놀이를 즐기는 장인은 자기 일을 사랑한다. 자기 일을 사랑하지 않는 사람은 어제보다 나은 방법으로 일하려면 어떻게 해야 하는지 질문을 던지지 않지만 자기 일을 사랑하는 사람은 어제보다 나은 방법으로 일하는 방법을 끊임없이 강구한다. 운동을 노동으로 생각하지 않고 인생의 주동자主動者로 거듭나기 위한 노동 탈피 전략이 필요한 것이다.

4단계 운동을 왜 하다가 말지? 행동行動과 생동生動

이제 운동은 노동과 반동 단계를 넘어 의도적으로 반복해서 해보려는 의식과 의지가 통제하는 '행동'과 '생동' 단계로 넘어간다. 운동을 할 때의 동기와 행동, 보상이 같은 방향으로 일치되었기 때문에 운동을 지속하는 데 큰 힘이 들지 않는다. 오히려 운동을 하지 않는 것이 구축된 몸의 질서를 흩뜨리는 셈이 되기 때문에 운동을 거르면 몸이 찌뿌둥하고 얼굴에 화색이 돌지 않는다. 변화가 본격적으로 삶에 정착하는 단계다. 인식으로 선택한 행동의 변화가 자연스럽게 실행의 단계로 넘어온다. 밥 먹듯이 운동하지 않으면 몸이 자꾸 마음을 질책한다. 운동해야 한다는 의식과 의지가 몸을 통제하고 지배하는 상황에서 자동적으로 운동을 하게 되고, 운동이 삶의 활력과 활기를 제공해주는 에너지 원천이 되는 단계가 된다. 운동을 하기로 결심하고 몸을 움직이는 것이 자연스럽고, 운동하는 시간이나 장소가 삶의 동선에 자연스럽게 자리하고 있다. 날씨나 특별한 이벤트, 감정의 기복 등 그동안 운동을 하지 않아야 할 이유가 되었던 외부의 자극이 큰 영향을 주지 않게 된다. 오히려 이벤트를 감안해 일상 루틴으로 운동을 이어가기 위해 어떻게 시간을 조정할지에 대한 대안을 자연스럽게 생각한다. 가방이나 차에 늘 운동화를 넣어 다니고, 복장 역시 언제든 운동을 할 수 있도록 챙기며, 갈아입을 옷과 간단한 샤워 용품을 챙기는 것이 일상이 된다. 운동하고 나면 생동감이 넘친다. 몸이 가벼워지고, 복잡했던 마음도 땀을 흘리고 나면 말끔히 청소되는 단계다. 행동으로서의 운동은 노동으로서의 운동 수준을 벗어나 마음만 먹으면 언제든지 반복해서 운동을 할 수 있는 상태다. 행동에는 여전히 행동하려는 이유와 의지가 반영된 주체적 판단의 결과가 강력하게 숨어 있다. 이러한 마음가짐은 운동뿐 아니라 일상에서도 영향을 미친다. 예기치 않게 움직임이 많아지게 되는 경우를 맞닥뜨리거나, 새로운 도전을 해야 하는 상황에서 몸은 자연스럽게 움직임을 기꺼이 받아들인다. 승강기가 고장 나 몇 층을 걸어 올라가야 하거나, 길을 헤매게 되어 조금 더 걸어야 한다거나 하는 상황에서 짜증을 내기보다 행동이 곧바로 나온다. 행동을 해야 하는 당위성이 머리로 만들어지지 않아도 몸이 먼저 반응한다. 망설이거나 걱정하는 데에 에너지를 쓰기보다, 행동에 옮기는 도중에, 혹은 행동 후에 느끼는 보람과 성찰에 집중하는 것이 자신을 위한 보상에 가깝다.

운동을 통해 몸의 움직임에 집중하고, 움직이는 중에, 혹은 움직인 후 느껴지는 성찰을 성장을 위한 동력으로 내재화시켰던 경험이 삶에도 적용된다. 행동하는 지식인이 무서운 이유는 생각만

하지 않고 자신의 신념을 몸을 던져 실천하며 현장에 적용하기 때문이다. 행동하려는 의지가 충만한 사람에게 운동은 언제든지 마음먹은 대로 할 수 있는 생활 습관이다. 행동하지 않으면 생동감도 죽는다. 프로차스카의 운동 지속 행동 단계에서 이 단계는 바야흐로 본격적인 행동 단계Action Stage다. 그동안의 과정이 피동적 성격을 갖고, 운동을 하지 않을 수 없는 조건과 환경을 구축해 가속 페달을 밟아가는 단계였다면, 지금 단계에서는 이미 속도가 붙어 가속 페달을 밟지 않고도 자연스럽게 행동이 이어지고, 추가적인 행동이 더해지는 데에 큰 에너지가 들지 않는다. 운동으로 얻은 성찰이 삶에 긍정적인 영향을 미치며 새로운 삶의 궤적이 그려지는 '자기 생성'의 단계이기도 하다. 지속적으로 생성되는 에너지로 생기를 얻기 때문에 운동을 하는 것은 에너지를 쓰는 행동이 아닌, 에너지를 얻는 행동이 된다. 운동을 계속하지 않으면 삶의 활력을 잃고 생기가 떨어진다. 생동하는 에너지를 얻기 위한 원천으로 운동은 점차 일상적 습관으로 변해간다. 습관이 만들어지려면 그동안 나를 덮어씌우던 관습의 옷을 벗어던져야 한다. 그런데 관습의 옷은 생각이 변해야 벗어지는 게 아니다. 이전과 다른 방식으로 몸을 움직여야 비로소 벗지 않으면 답답한 감옥의 옷이라는 걸 알게 된다. 따라서 변화를 꿈꾸려면 '어떻게 관습의 옷을 벗어야 하는가?',

'어떻게 새로운 행동을 시작해야 하는가?'에 대해 너무 깊이 고민할 필요가 없다. 그저 행동하며 생동하는 나에게 깊이 있게 집중하고, 있는 그대로의 나를 만나는 재미를 느끼면 된다. 분명 '새롭게 움직이는 나'는 그동안 쫓아왔던 그 어떤 목적이나 목표보다 더 깊이 있게 집중할 가치가 있다.

5단계 당신이 운동의 참맛을 알아? 활동活動과 주동主動

이제 운동은 대단한 결심을 하고 백절불굴의 의지를 발휘해야만 할 수 있는 피곤한 움직임이 아니라 자연스러운 일상적 삶이 되었다. 하루 일과 중에 반드시 해야 하는 의무라기보다 아침에 일어나서 저녁에 잠들 때까지 무의식으로 반복되는 의례ritual가 된 것이다. 아침에 일어나 화장실을 가거나 밥을 먹고 양치질을 하는 것은 의도적으로 반복하는 의례가 아니라 무의식적으로 반복하는 습관이다. 습관은 크게 노력을 기울이거나 중요도를 설정하지 않아도 자연스럽게 이루어지는 활동이다. 한 사람의 삶을 놓고 보았을 때 하루라는 한정된 시간은 수많은 활동과 행동으로 점철된다. 활동으로서의 운동은 별도로 시간을 내서 움직이는 몸의 동작이 아니라 아침에 일어나서 잠들 때까지 일어나는 모든 움직임을 의식하면서 시도하는 것이다. 활동은 운동과 다르게 일상에서 일어나는 몸의 움직임을 최대한 넓혀보려는 안간힘이다. 활동은 중차대한 결심으로 모종의 변화를 만들어내기 위해 움직이는 행동과는 다르다. 행동action은 가치지향적이지만 활동activity은 가치중립적이다. 행동은 행위자의 주체적 의지가 서려 있지만 활동은 나의 의지와 관계없이 일어나는 움직임이다. 나름의 의미와 가치가 부여된 행동의 우선순위에 따라, 습관으로 굳어지게 한 활동이 후순위로 밀리게 될 수 있다. 운동의 즐거움과 효능을 아무리 충만하게 느끼고 있다 해도, '특별한 이벤트'에 수반하는 행동이 치고 들어왔을 때 운동은 후순위가 될 수도 있다. 3단계 '노동과 반동'에서 운동이 후순위가 되고 운동 습관이 좌절되었던 이유는 운동 자체의 의미를 찾지 못했기 때문이지만, 5단계 '활동과 주동'에 이르러 운동 습관은 한 번 더 퇴보의 위기를 겪는다. 일상 활동이 삶에 가져다주는 안정감과 항상성의 가치를 소홀히 여기고, 1단계 '혼동과 충동'에서 설정한 운동 습관의 목표 역시 생활에 녹아 해이해질 때 운동이 다른 행동에 밀려 후순위가 되는 것이다.

우리가 의도한 대로 행동하는 삶을 살 수 있는 이유는 존재를 밥 먹듯이 꾸준히 이어나갈 수 있는 일상에서 나온다. 일상 속에서 쌓아온 루틴은 변화무쌍한 기후와 환경에서도 자신이 자신답게 살아갈 수 있게 하는 단단한 뿌리가 된다. 건강한 식습관과 운동은 내가 이번 생에서 부여받은 역할을 잘 해낼 수 있게 하는 바탕이다. 내가 의도한 대로 행동하는 게 아니라 주어진 각본에 맞게 내 몸을 움직여 주어진 역할을 하는 것이다. 튼튼한 나무가 쾌적하고 서늘한 그늘의 역할을 잘할 수 있고 양질의 목재가 될 수 있는 것처럼, 당신이 가치 있는 삶을 살기 위해서는 당신의 일상 습관이 건강하게 유지되어야 한다. 가치지향적인 행동은 그 중요도에 따라 활동의 영역을 잠시 침범할 수는 있지만, 활동을 잠식해서는 안 된다. 당신이 당신 삶에서 주인으로서 행동과 활동을 통해 삶에 주어진 역할을 수행해 나가려면, 삶의 주동자가 되어야 한다. 특별한 가치가 부여된 행동의 사이사이에 매일의 활동이 축적되면 내 삶의 주인으로 거듭나는 주동자가 된다. 평범한 사람의 일상적 활동에는 그 사람의 삶이 고스란히 담긴다. 별도로 시간을 내서 헬스장에 가지 않아도, 아침에 일어나서 저녁에 잠들기 전까지의 동선만 바뀌어도 한 사람의 하루 활동은 바뀐다. 습관적으로 왕복하는 동선의 작은 변화가 의미심장한 방향으로 활동을 바꾸는 것이다. 활동이 바뀌면 일상이 바뀌고, 일상이 바뀌면 내 삶의 주인으로 거듭나는 움직임을 주도하는 주동자가 된다. 피동적이 아닌 능동적으로 운동함으로써 내 삶을 바꾸는 주동자가 되는 것이다. 운동의 참 맛은 일상에 있다. TV와 유튜브에서 말하는 운동전문가, 건강전문 가의 거창하고 화려한 운동 효과는 일시적이다. 뱃살이 얼마나 없어지고, 건강 개선 효과가 어떠하고, 회춘과 젊음을 유지하는 효과가 얼마나 드라마틱하건, 그것은 일상에서 차곡차곡 쌓아 올린 운동의 결과일 뿐이다. 운동은 일부러 삶에 더하는 치장적 요소가 아닌, 당신의 정체성을 굳건히 받치는 정수이자 생동하는 주체로서의 활동이다.

6단계 운동하는 쾌감을 알려줄까? 감동感動과 요동搖動

스스로 삶의 주체가 되어 움직이는 '주동'은 하면 할수록 몸의 변화를 체감하게 한다. 의도적으로 운동을 하려는 결심을 하지 않아도 이제 운동은 하나의 습관이 되어 밥 먹듯이 자연스럽게 하루의 일과가 되었다. 일상에서 일어나는 활동뿐만 아니라 별도의 시간을 투자해서 칼로리를 소모하고 근육을 키우는 운동 활동이 삶의 중요한 동력으로 작용하기 시작한다. 하루 세끼 밥을 안 먹으면 몸이 피곤하듯 하루 운동을 하지 않으면 몸이 알아서 반응한다. 운동해야겠다고 결심해서 몸을 움직이는 게 아니라 몸에 밴 관성이 정신을 움직이는 단계로 발전한다. 운동하는 시간이 즐겁고 변함없이 반복하는 운동으로 몸이 변하는 과정을 몸으로 느끼니 매일매일 활력이 넘쳐난다. 변함없이 운동하니 몸이 변하는 걸 깨달은 사람은 운동을 자기 변화의 중요한 추동력으로 삼는다. 운동이 자동적으로 일어나 삶을 능동적으로 바꾸는 원동력으로 작용하기 시작한다. 운동이 감동을 가져왔지만 이제는 거꾸로 몸의 변화에 스스로 감동하니 다시 운동하는 행동으로 선순환된다. 내 몸의 변화에 감동하는 변화는 나를 넘어서 주변으로 요동치기 시작한다. 개인의 변화가 관계의 변화로 확산되기 시작한다. 운동을 꾸준히 하는 사람의 주변에서는 감탄이 잇따른다. 무엇이든 좋은 습관이 삶에 정착하는 것은 쉽지 않은 일이다. 쉽지 않지만 누구나 하고 싶기 때문에 그 사람이 어떻게 이러한 변화를 삶에 안착시킬 수 있었는지 관심을 가진다. 처음에는 몸의 변화로 생긴 관심이 점차 운동을 꾸준히 하는 사람이 보여주는 감동과 활력의 아우라에 대한 관심으로 이어진다. 운동을 꾸준히 하는 사람은 건강하고 탄력이 있다. 의도를 행동으로 꾸준한 습관으로 이어낸 경험이 있기 때문에 새로운 것을 받아들이는 데도 수용적이다. 적극적으로 행동하면 스스로에게 가장 좋다는 것을 알고 있기 때문에 개방적이고 긍정적이다. 그러나 운동을 결심하지만 여러 이유로 매번 좌절해왔던 사람들에게 이러한 삶의 태도는 왠지 비현실적이다. 운동이 이러한 효과를 만들어낼 수 있다는 것을 믿기에는 자신의 운동 경험이 너무 괴로웠기 때문이다. 이들에게는 스스로 쌓아왔던 부정적 경험들의 원인이 그들의 의지나 기질 탓이 아닌 물리적, 사회적 환경에서 온 것일 수 있다는 환경적 재평가의 작업이 필요하다. 결심했는데 실천에 옮기지 못했던 기억과 자책은 운동의 참맛을 느끼는 데에 브레이크 페달로 작용할 뿐이다.

자책감은 무언가를 시도할 수 없게 하는 무기력감으로 연결된다. 시작하지 못하는 사람의 심리적 걸림돌 중 가장 뿌리가 깊은 심리가 바로 자책감, 혹은 결국 자책을 느낄지 모른다는 두려움이다. 운동을 습관으로 만드는 데 성공한 사람들의 체험담은 비슷하지만, 운동 습관 실패의 원인은 저마다 다양하다. 그러나 그 원인이 항상 행동의 주체자에게만 있는 것은 아니다. 당신이 숱한 운동 실패의 경험으로 시작을 머뭇거리고 있다면, 가장 명심해야 할 것은 당신의 잘못이 아니라는 것이다. 설명해서 이해시키는 대신 설득해서 감동시키면 사람은 행동한다. 운동의 필요성과 중요성을 논리적으로 이해한 사람은 머리를 끄덕이지만 실제로 운동하지는 않을 수 있다. 반면에 운동의 효과를 실감하고 감동받은 사람은 당장 운동을 시작할 확률이 높다. 당신이 이 글을 읽고 다시 운동을 시작할 용기가 올라오는 것을 느끼고 있다면, 그동안의 운동 실패를 당신의 탓으로 돌리지 말자. 대신 그동안 운동에 몰입할 수 없었던 이유들이 무엇이었는지 생각해보자. 처음의 목표가 지나치게 거창한 것은 아니었는지, 가시적으로 설정해놓은 운동의 목표에 집착해 운동 자체의 즐거움을 발견하지 못했던 것은 아닌지, 일상에서 쌓아 올리는 습관의 가치를 중간중간 치고 들어오는 이벤트에 치여 폄하했던 것은 아니었는지. 운동을 하고 싶은 당신을 둘러싼 환경, 당신의 인지적, 정서적 선입견에 대해 재평가해보고, 운동을 시작하기 전에 정비 과정을 거치고 나면 한 번 운동을 하더라도 운동을 통해 얻어지는 쾌감의 정도와 깊이가 더욱 풍성해질 것이다. 경험이 주는 쾌감에 감동하면 스스로 운동을 계속 해보고 싶다는 용기가 배가된다. 스스로 운동을 계속해서 몸과 삶이 변화되는 과정을 체감한 사람은 매일매일이 감동적인 행복이고 경이로운 기적이다. 스스로 만들어내는 기적을 경험하고 나면, 어떻게든 운동을 지속하려는 의식적 노력을 삶에 더할 수 있을 뿐 아니라 주변에도 건강한 영향력을 자연스럽게 발산하게 된다. 사회에 건강한 에너지를 전파하려는 움직임을 지지하고 퍼뜨리기 위해 도움을 주고픈 이들의 환경적 맥락을 관찰하고, 이들이 건강한 습관을 만들기 위해 어떤 환경이 구축되어야 할 것인가에 대해 함께 고민하며 도울 수 있다. 운동으로 변화한 몸과 삶의 의미와 가치를 주변에 전파하는 운동 전도사가 되려면 어떤 노력을 추가적으로 더 기울여야 할까? 무엇보다 가장 첫 번째로 할 수 있는 운동 전도의 첫걸음은 망설이는 이들이 시작을 보다 쉽게 느끼도록 손을 내미는 것이다.

7단계 왜 혼자만 운동하지? 협동協動과 파동波動

어려운 책을 혼자 읽으면 포기하기 쉽지만 주변 사람들과 함께 읽으면 포기할 확률이 줄어든다. 마찬가지로 습관적으로 운동하지 않는 사람도 누군가와 함께 운동을 반복하면 어느 순간 반전이 일어난다. 나아가 몇 사람과 함께 주기적으로 운동을 반복하면 운동하는 시간이 즐거운 수다 시간이 되기도 하고, 살아가는 의미와 가치를 나누는 소중한 소통의 시간이 되기도 한다. 개인 차원에서만 운동을 하면 나도 모르게 거창한 목표에 매몰되기 쉽다. 참고하는 유튜브나 책자, 코치의 지도를 혼자서만 받아들이기 때문에 주관적 관점에서 자신을 평가하게 될 수도 있다. 흔히 '저질체력', '저질몸매' 등의 표현을 자조적으로 언급하는 이들은 대체로 막연한 대상에 비추어 자신을 비교하며 운동 경험을 괴로웠던 경험으로 치부한다. 운동 영상에 나오는 트레이너는 같은 동작을 쉽게 하는데 자신이 힘들어하는 것을 보며 부끄러워한다. 그러나 나와 생활 패턴이 비슷한 사람들과 함께 모여 힘들지만 조금씩 해내고 점차 성장해가는 환경 속에서 운동할 때, 같은 운동을 하면서 나와 비슷한 반응을 보이는 타인을 보며 정서적 안도감을 얻을 수 있다. 숙련된 코치와 함께 운동을 할 때 코치가 자신의 성장 과정을 공유하며 지금의 힘겨움은 지극히 자연스러운 것이라고 이야기해줄 수 있다면, 지금의 다소 부족한 체력은 앞으로 나아가기 위한 하나의 과정이 된다. 개인 차원의 몸의 변화가 일어나는 운동이 이제 힘을 모아 함께 운동하는 협동協動으로 발전하기 시작하면, 놀라운 시너지 효과가 일어나면서 나도 모르게 긍정적인 에너지가 요동을 치고 주변으로 퍼져 나가는 파동 에너지를 만들어낸다. 힘든 와중에도 서로를 격려하며 지금의 체력이 과정이자 약간의 성장이라 할지라도 서로 마음껏 칭찬해줄 수 있게 된다. 혼자서만 느끼는 자기 효능감의 정도가 10이라면, 함께 운동하며 느끼는 공동체적 효능감은 100 이상이 된다. 운동하다 어떤 이유에서든 포기하려는 친구가 생기면 다른 동료가 포기하고 싶은 이유를 상쇄해버리고 함께 운동하는 대열에 강제로 끌어들일 수도 있다. 그렇게 다시 운동

을 반복하다 보면 어느새 운동하지 말아야 할 핑계나 자기합리화
의 늪에서 빠져나온다.

운동을 같이하면서 만들어진 동료와의 연대감은 선한 영향력을
주변으로 확산시키면서 공동체나 조직의 건강한 변화 추동력으
로 작용하기 시작한다. 몸의 변화가 관계의 변화를 이끌어내고, 나
아가 공동체나 조직에 활력을 불어넣는 파동 에너지원으로 작동
하기 시작한다. 함께 활동을 거듭하며 쌓이는 체력은 공동체가 가
진 본연의 힘을 배가하는 공동체의 코어core가 된다. 개인적 성과
를 위해 뭉쳤다 해도 개인의 성과는 공동체가 이끌어낸 성과의 일
부분이다. 개인의 자기효능감은 집단의 효능감으로 더해진다. 함
께 연대하며 성장했던 신체성이 밑바탕이 되어 새로운 간신체적
지식間身體的 知識으로 싹튼다. 공동체로서 주고받은 상호작용이 개인
의 내면에서 새로운 배움으로 이어지고, 만들어진 지식은 개개인
의 내면에서 새로운 정체성을 형성하는 기반을 이룬다. 공동체에
서 만들어진 운동 습관은 더욱 강한 파급력을 갖는다. 백 마디 말
이 아닌, 강력한 행동을 서로 주고받으며 형성된 습관이기 때문이
다. 운동의 가치는 같이할 때 배가된다. 나 혼자 습관적으로 운동
하기 힘들 때, 비슷한 처지의 친구들과 함께 몸을 움직이는 연대를

구축해보자. 운동을 시작하는 사람은 그 이유가 간단하지만 운동을 시작하지 못하는 사람은 그 이유가 저마다 다르다. 행복한 가정은 엇비슷하지만 불행한 가정은 그 이유가 제각기 다르다는 톨스토이의 안나 카레니나 법칙은 운동에도 그대로 적용된다. 운동하지 않아도 되는 이유 열 가지를 찾기보다 운동하면 좋은 이유와 지금 당장 운동을 시작하는 방법 열 가지를 고민하는 사람이 함께 모여 운동을 시작하자. 운동을 시작하지 않는 이유는 시작하기 않고 마음만 먹기 때문이다. 주변에 운동하기로 마음을 계속 먹는 친구와 함께 오늘 당장 운동을 시작하면 어떨까?

03

핵심은
'움직임'에 있다

부자가 되고 싶다면 부지런히 움직여야 한다. 가만히 앉아서 머리로 계산해서 부자가 된 사람은 아무도 없다. 부자는 누구보다도 많은 시행착오를 겪으면서, 몸으로 부딪쳐가면서 사업을 전개한 사람이다. 그러므로 부자는 풍부한 생각이나 아이디어로 돈을 번 사람이 아니다. 남이 걸어가지 않은 길을 실제로 걸어가면서 모험을 감행한 사람이다. 부자는 그래서 건강한 몸을 갖고 계속해서 이전과 다른 길을 걸어가는 사람, 다시 말해 끊임없이 '움직이는 사람'이다.

'움직임'은 어제와 다른 나로 변신하는 '길들임'이다. 길들여진 내 몸은 움직임을 통해 어제와 다른 나로 변신한다. 변신한 몸은 당분간 길들여진 상태로 움직인다. 지루한 움직임을 진지하게 반복하는 순간 내 몸에 반전이 일어난다. 움직이면 가장 먼저 심장 박동이 증가한다. 그것도 일정 시간 꾸준히 움직일 때 맛볼 수 있는 짜릿함의 반증이 심장 박동의 증가로 나타난다. 끈질긴 움직임이 일정 시간 동안 반복되지 않으면 짜릿한 쾌감은 절대로 느낄 수 없다. 힘겨운 사투 끝에 맞이하는 절정의 짜릿함은 나에게 없었던 힘을 선물로 준다. 없었던 힘은 힘겨운 상황에서 기나긴 싸움을 통해서만 얻을 수 있는 축복이다. 움직임으로 일어나는 모든 동작은 동사動詞가 낳은 작품이다. 동사의 축적이 사회적으로 저명한 명사名士를 만든다. 그들은 지루하지만 작은 실천을 진지하게 반복한 사람이다. 한 사람의 위대한 업적도 매일, 매 순간 반복되는 작은 움직임이 누적되어 어느 순간 반전을 일으킨다. 반전의 결과 흔적이 축적되어 기적의 산물이 탄생된다. 움직이지 않고 창조되는 작품은 없다. 내 몸이 움직인 만큼 몸에도 감동적인 기억이 축적되고 긍정적인 반응이 일어난다. 오늘의 나는 내 몸이 움직인 결과로 생긴 동작의 산물이다. 매일 손가락을 움직여 글을 쓰면 작가로 변신하고, 매일 그림을 그리는 동작을 반복하면 화가가 태어난다. 매일 즐거운 노래를 부르면 가수가 되고, 영감을 따라가 곡으로 만들면 작곡가가 된다. 우리 몸의 특정 부위를 집중적으로 움직이면 해당 분야의 운동선수가 되고, 늘 어디론가 떠나는 사람은 여행가가 된다. 매일 움직이는 일이 나다. 어제와 다른 나로 태어나려면 어제와 다르게 움직여라. 움직임이 품고 있는 일곱 가지 의미심장한 의미를 파헤쳐본다. 이렇게 움직이면 세상의 프레임이 바뀌고, 어디선가 속삭임이 다가와 설레게 만든다. 몸부림으로 항거할 때 내 몸은 어제와 다르게 바뀌고, 모든 순간 몸이 느낀 반응을 되먹임하면서 움직임은 사기를 드높이고 용틀임을 한다. 움직임을 반복하는 사람만이 자기 앞가림을 성공적으로 해내면서 최적임자로 인정받고, 다른 사람들과 함께 더불어 살아가는 어울림의 공동체를 만들어간다.

① 움직임은 세상을 새롭게 바라보는 프레임(탁 트임)이다

롤프 도벨리의 《불행 피하기 기술》에는 오랫동안 책상에 앉아서 숙고하는 것을 손전등에, 그리고 밖에 나와서 몸을 움직여 행동하는 것을 전조등에 비유하는 표현이 나온다.[2] 책상에서 아무리 열심히 머리를 써봤자 주변만 비추는 손전등이 될 뿐이지만, 밖에 나가서 몸을 이리저리 움직이다 보면 생각지도 못한 놀라운 아이디어가 나와서 멀리까지 비추는 전조등이 된다는 주장이다. 실제로 책상머리에 앉아 요리조리 잔머리를 굴리지만 고만고만한 생각이 꼬리에 꼬리를 물고 늘어지면서 뚜렷한 대안이 떠오르지 않을 때가 있다. 그때 모든 걸 내려놓고 밖에 나가 몸을 움직이며 운동을 하다 보면 꽉 막힌 아이디어 터널에 갑자기 빛이 들어오면서 서광이 비추기도 한다. 갑자기 탁 트이는 아이디어가 먹구름 속의 태양처럼 환한 미소를 지으며 나타나는 것이다. 이것은 움직임이 가져오는 놀라운 성과다. 몸을 움직이면 생각의 물꼬가 터지면서 세상을 바라보는 프레임이 바뀐다. 프레임이 바뀌면 이전과 다른 관점과 방식으로 세상을 바라보기 시작한다. 꼬였던 문제의 난맥상에 갑자기 대안의 광맥이 터지면서 새로운 돌파구가 마련되는 경우가 많다. 움직이지 않으면 문제가 꼬이고 꼬임을 거듭할수록 더욱 난관에 부딪히지만, 가벼운 마음으로 밖에 나가 몸을 움직이면 보이지 않았던 가능성의 문이 새롭게 열리기 시작한다. 꽉 막혔던 답답함이 말끔하게 해소되면서 몸에는 활력이 넘치며 정신에는 명쾌한 에너지가 감돌기 시작한다. 뇌혈류량이 증가하면서 이전과 다른 신선한 생각 에너지로 가득 찬다. 탁 트이는 깨달음은 바로 몸이 가져다주는 움직임의 기적이다.

② 움직임은 미지의 세계로 떠나는 설렘(속삭임)이다

시작하기는 어렵지만 시작만 하면 다시 멈출 수 없을 정도로 중독되는 게 운동이 주는 마력이다. 많은 사람이 시작했다가 지속하지 못하고 중간에 그만두는 경우가 많다. 움직임이 주는 짜릿함의 전율을 맛보지 못해서다. 천근만근 나가던 육중한 몸이 조금씩 움직이면서 움직임의 흐름을 타고 일정한 방향으로 반복해서 동작을 만들어간다. 다음 동작을 어떻게 가져갈지 순간적으로 고민하지만 자연스럽게 몸이 반응해서 또 다른 동작이 반복된다. 움직임을 통해서 생긴 사연과 스토리는 가슴속 깊이 간직되고, 시간이 지나도 그 당시 몸이 겪었던 짜릿한 순간은 아름다운 추억으로 되살아난다. 움직임이 만든 스토리는 언제나 내 마음을 설레게 하며 다정한 목소리로 속삭이며 다가온다. 내 몸의 움직임뿐만 아니라 다른 사람이 목표를 달성하기 위해 격렬하게 움직이는 모습을 보면, 마치 그런 동작이 나에게 속삭이며 같이 느껴보자고 호소하는 듯하다. 저절로 내 마음도 설렌다.

"움직임을 관찰하는 것은 시각적 경험visual experience을 넘어 감정적 경험visceral experience이기도 하다. 타인의 움직임을 공감할 때, 당신은 그 움직임을 당신 '자신'의 일부로 감지한다."[3]

마지막 남은 힘을 모아 결승선을 끊기 위해 달려드는 선수들이 있다. 그들을 바라보면 내 심장도 같이 뛰면서 마치 내가 주인공인 것 같은 착각이 들기도 한다. 그런 움직임을 바라보는 순간 나도 저렇게 되고 싶다는 강렬한 욕망과 함께 심장 박동은 빨라지고 미래의 언젠가는 나도 저렇게 될 수 있다고 다짐한다. 그렇게 몸은 계속해서 속삭인다. 오늘도 고생했는데 내일 조금 더 열심히 하면 오늘보다 더 짜릿한 기쁨을 맛볼 수 있을 거라고, 오늘의 움직임으로 바뀐 내 몸은 오늘보다 더 감동적인 순간을 맞이하는 움직임의 기적을 맛볼 거라고. 오늘의 움직임으로 느낀 짜릿한 감동이 내일의 움직임에게 계속 속삭인다. 설렘도 움직여야 맛볼 수 있는 감정의 동요다.

③ 움직임은 사력을 다해서 승부수를 던지는 '몸부림'이다

움직임은 나의 고정관념이나 통념을 근본적으로 바꾸는 각성제다. 예를 들면 케틀벨 10kg 무게로 스윙을 하다가 20kg으로 늘려 스윙을 하는 순간 앞뒤 동작의 현격한 무게감이 온몸으로 느껴진다. 그렇게 한 번도 못 할 것 같은 스윙을 한 번 두 번 점차 늘려가기 시작하면 어느새 몸은 20kg의 케틀벨로 한꺼번에 40~50회 정도를 할 정도로 현격하게 힘이 늘어난다. 몸부림은 몸을 부림으로써 얻는 노력의 강도다. 마지막 스윙이 다가올수록 몸부림을 치고 안간힘으로 버티다 마침내 마지막 스윙을 하고 케틀벨을 내려놓는 순간의 성취감은 이루 말하기 어려울 정도로 짜릿하다. 내가 평상시에 뿌리 깊게 믿고 있었던 신념이나 가정도 몸부림치며 움직이는 동작으로 무너지거나 수정될 수 있다. 절대로 풀코스 마라톤은 뛸 수 없다고 생각하지만 5km부터 시작해서 10km를 완주하고 여러 번 하프 마라톤을 완주한 경험은 풀코스 마라톤에 도전하게 만든다. 매 순간 몸부림치는 고통이 다가온다. 풀코스를 완주한 사람에게 하프 마라톤은 쉬울까? 사실 그렇지 않다. 자신의 목표가 하프 코스 완주라고 생각하면 10km를 넘는 지점부터 피로감이 엄습할 수도 있다. 아직 절반도 못 왔는데 나머지 절반을 뛸 생각을 하면 좌절감이 다가온다. 하지만 풀코스 마라톤을 완주하는 게 목표인 사람에게 21km 지점은 이제 절반 정도 달렸으니 나머지 절반의 거리를 어떻게든 버텨보겠다고 다짐하면서 몸부림을 시작하는 곳이다. 한 발 한 발 모든 움직임이 몸부림이다. 움직인 만큼 이룬다. 그것도 힘든 순간의 움직임은 매 순간이 몸부림이다. 스쿼트를 한 번에 100번 하기는 쉽지 않다. 처음에는 10번, 20번, 점차 숫자를 늘려가다 50회를 하는 순간 절반의 목표를 달성했다는 안도

감이 든다. 다시 힘을 모아 100에 가까워질수록 몸은 더욱 무거워지고 매 순간 사투를 벌이며 안간힘을 쓴다. 드디어 스쿼트 100회에 도달하는 순간 몸부림쳤던 몸을 향해 감동 및 감탄하며 스스로에게 감사 인사를 전하지 않을 수 없다.

④ 움직임은 어제와 다른 나로 변신하는 '되먹임'이다

되먹임은 의학적으로 '생체 내의 대사 과정 가운데 물질의 합성이나 분해 과정에서 생성된 중간 산물이나 최종 산물에 의하여 대사 과정이 조절되는 작용'을 말한다. 움직이는 매 순간 근육은 계속 말을 한다. 이 정도면 더 들어 올릴 수 있어, 조금만 더 힘을 내봐, 라고 피드백을 주면 포기하지 않고 마지막 안간힘을 써서 버텨낸다. 어느 순간 나의 한계 무게라고 생각될 정도로 전신에 반응이 올 때가 있다. 예를 들면 스쿼트를 130kg까지 해낸 다음 양쪽에 5kg씩 10kg의 무게를 더 추가하고 바벨을 메는 순간 형언할 수 없는 무게감이 어깨를 짓누른다. 이 무게는 내가 감당할 수 없을 것 같다는 반응이 온몸으로 전달된다. 무리를 해서 잠시 무릎을 굽혀 아래로 내려가려는 순간 더 이상은 안 되겠다고 무게가 내 몸으로 되먹임을 해준다. 그 순간 멈추지 않으면 심각한 사고가 일어날 수도 있다. 하지만 이런 되먹임 정보에 내 몸이 반응하는 순간 어느 정도 무게까지 견뎌낼 수 있을지를 몸이 알아차린다. 어제보다 조금 더 들어 올리며 느끼는 이러한 한계를 움직이지 않고 책상에 앉아서 알아낼 수는 없다. 실제로 몸을 움직여봐야 몸의 한계를 몸으로 알아내고 그 결과를 몸으로 감지하는 것은 되먹임 덕분이다. 관념적 되먹임이 아니라 신체적 되먹임만이 내 몸을 어제와 다른 몸으로 바꿔놓는다. 몸의 움직임을 생각만 하면 거기서 나오는 되먹임은 오히려 실제로 몸이 움직이는 과정에 도움이 되지 않는다. 실제로 해보지 않고 주는 또 다른 생각은 몸이 뒷받침되지 않을 때 근거 없는 사상누각이 되는 경우가 많다. 하지만 실제로 몸이 움직여 매 순간의 동작을 관찰한 결과로 다음 동작에게 주는 되먹임은 신체적 경험에 근거한 피드백이다. 내 몸을 이전과 다르게 바꿔놓은 살아 있는 되먹임이다. 움직이면 움직일수록 몸에는 활기가 넘치고 다시 뭔가에 도전할 수 있는 원기도 생긴다. 움직임으로 축적한 에너지와 자신감이 다시 되먹임되어 생긴 원동력이다.

⑤ 움직임은 사기를 충전하는 '드높임'(용틀임)이다

움직이며 흘리는 땀은 그 무엇과도 대체할 수 없는 엑스터시다.

갑자기 세상이 달라 보이고 주변 사람들이 모두 행복해 보이며 세상이 경이로워 보일 때가 있다. 격렬하게 몸을 움직여 운동을 마치고 체육관을 나올 때 만나는 세상이 그렇다. 움직이고 나면 내가 만나는 세상은 어제의 세상이 아니다. 모든 세상이 살아 숨 쉬는 경이로운 일상으로 다가온다. 내가 더 소중해지고 다른 사람과의 만남 역시 운명을 바꾸는 소중한 순간으로 다가온다. 움직임으로 짜릿함을 맛본 사람은 운동이 주는 즐거움에 빠질수록 다음 운동을 상상만 해도 몸이 움직이는 과정에서 느끼는 냄새나 소리, 운동 장면과 풍경, 동료들의 안간힘 쓰는 모습, 그 속에서 서로 에너지를 주고받으면서 격려하는 장면이 선명하게 떠오른다. 운동 전문가들은 이렇게 몸을 움직여 얻는 짜릿함을 쾌락 광택제pleasure gloss 라고 한다.[4] 움직임으로 느낀 즐거운 기분이나 감정, 몸이 느낀 긍정적 경험이 암호화되어 뇌에 저장되면, 운동을 통해 즐거움을 맛보려는 욕망은 엔도르핀과 도파민 분비를 더욱 촉진하며, 이제 움직임은 움직임으로 끝나지 않고 나의 사기를 용솟음치게 만드는 원동력으로 작용한다. 움직임의 강도를 드높일수록 순간적으로는 힘들지만 그 순간을 빠져나오기만 하면 느끼는 사기는 하늘 높은 줄 모르고 충전된다. 움직이지 않으면 이제 살아가기 힘들 정도로 운동은 내 삶을 드높이는 가장 중요한 에너지 원천이 된다. 움직임은 소극적인 항우울제이자 적극적인 자양강장제나 다름없다. 움직이지 않으면 우울감에 빠지기 쉽고, 근거 없는 불안감에 빠지기 쉽다. 그러나 움직이기 시작하면 생각지도 못한 사기가 충전되고 어제보다 나은 내가 되는 디딤돌이 생긴다. 움직임으로 충전된 사기는 자신뿐만 아니라 다른 사람에게도 희망과 용기를 전해준다. 운동하는 사람의 격렬한 움직임만 봐도 감정적 교감이 생기고, 나도 저렇게 되고 싶다는 강렬한 충동을 느끼게 된다.

⑥ 움직임은 책임을 다하는 '앞가림'(최적임)이다

제 앞에 닥친 일을 제힘으로 해낼 때 앞가림을 한다고 한다. 앞가림은 최소한의 자기 방어 능력이자 자신의 존재 가치를 드러내는 마지노선이다. 앞가림을 못 한다는 것은 내가 누구인지, 내가 할 수 있는 일이 무엇인지를 스스로 증명할 수 없는 무기력한 상태를 뜻한다. 앞가림을 잘하기 위해서는 나의 능력을 키워야 한다. 문제 상황과 위기 국면에 직면했을 때 나의 능력으로 지금의 난국을 극복할 수 있다면 앞가림을 잘하는 것이다. 하지만 내 앞에 닥친 일을 내 힘으로 해내지 못하거나 나의 약점이나 부족한 점을 가려내지 못할 때 나는 앞가림도 할 수 없는 무능력한 상태가 된다.

앞가림을 잘하기 위해서는 다양한 상황에서 벌어지는 예기치 못한 상황에 직면했을 때 임기응변력을 발휘해 주어진 난국을 탈출하고 타개할 수 있어야 한다. 앞가림은 부단한 움직임이 낳은 자식이다. 앉아서 생각을 거듭한다고 주어진 위기 상황을 탈출할 묘안이 떠오르지 않는다. 앞가림은 심각한 문제나 위기 국면의 앞을 가린다고 해결되지 않는다. 앞가림은 앞을 가리는 수준에서 주어진 난국을 타개하는 피상적이고 수동적인 눈가림이 아니다. 진정한 앞가림은 끊임없는 움직임 속에서 몸으로 터득한 체험적 각성이 깨달음의 흔적으로 정리될 때 생기는 자기다움을 다른 방식으로 표현한 자질과 역량이다. 움직이지 않고 주어진 문제를 어떻게 해결할지 고민만 반복해서는 난국 돌파를 위한 뚜렷한 대안이 떠오르지 않는다. 앞가림을 못 하는 가장 중요한 이유는 눈앞의 위기를 머리로 해결할 수 있다고 생각하기 때문이다. 앞가림이 안 되는 이유는 몸을 움직이지 않고 머리로 생각만 거듭하기 때문이다. 앞가림을 잘하는 사람은 어떤 자리가 주어져도 몸을 움직여 다양한 움직임을 주어진 자리에서 시도한 다음, 자신이 그 자리에 가장 잘 맞는 최적의 당사자임을 증명하는 사람이다. 어떤 일 따위에 가장 잘 맞는 사람이거나 어떤 임무나 일에 가장 알맞은 최적임일 때가 가장 이상적인 앞가림 상태다. 단순히 내 앞에 벌어진 일을 뒷수습

하는 수동적인 대응 능력을 넘어서서, 어떤 일이 주어져도 그걸 최선의 노력으로 경주해서 적극적으로 문제를 해결하고 난국을 돌파하는 최적의 능력과 자질을 갖추었을 때 앞가림을 넘어 최적임 상태로 인정받을 수 있다.

⑦ 움직임은 더불어 살아가는 '어울림'이다

운동을 하고 나면 기분이 좋아진다. 우울했던 심정도 말끔하게 해소되고 복잡했던 머리도 명쾌해진다. 그런 기분을 다른 사람과 나누고 싶은 충동도 당연히 생긴다. 다른 사람과의 만남도 즐거운 기분으로 이루어진다. 만남을 통해 교감하고 공감하는 동안 맑고 건강한 에너지를 주고받을 수 있다. 운동하는 날에 주변 사람들과 더 긍정적으로 소통한다는 다양한 연구 결과도 보고되고 있다. 《움직임의 힘》을 쓴 켈리 맥고니걸에 따르면 함께 달리기를 하면서 느끼는 '러너스 하이runner's high'는 협력의 짜릿함이나 함께 운동하면서 가족 같은 유대감을 느끼는 집단적 열광은 물론 예감의 짜릿함도 같이 불러온다고 한다.[5] 서로 대화를 나누면서 협력만 해도 엔도르핀, 엔도카나비노이드와 같은 화학 물질이 분비되어 감정을 고조시킴은 물론 이전에 협력했던 사람과의 이전 경험만 떠

올려도 뇌 보상 체계가 활성화한다는 것이다. 남을 도와주는 것만으로 긍정적인 감정이 생기고 기분이 좋아지는 '헬퍼스 하이helper's high'는 남을 도와줄 때 느끼는 짜릿함이다. 달리기를 하면서 느끼는 짜릿함과 남이 힘들 때 도와주며 느끼는 짜릿함이 함께 만난다면, 그들은 금방 가족처럼 가까워지고 공동체의 결속력은 한결 튼실해질 것이며 서로 믿고 의지하는 집단tribe으로 발전할 것이다. 일면식이 없는 사람이라도 같이 운동을 하다 보면 쉽게 이야기를 나누고 서로에게 긍정적인 느낌을 갖게 되는 경우가 있다. 금방 유대 관계가 생기고, 운동하는 도중에 힘든 상황에 직면하면 발 벗고 나서서 도와주려는 애틋한 감정이 생기기도 한다. 몸만 움직여도, 주변 사람과 쉽게 어울릴 수 있는 가능성의 문은 얼마든지 열어젖힐 수 있다. 단지 함께 어울려 움직이는 것만으로 사람 사이에 존재하는 어떤 벽이나 경계가 무너지고, 곧 우리라는 연대로 어울림의 하모니를 낳는다. 우리 속에 존재하는 집단적 열망이 경계 없는 관계를 맺게 만든다.

움직임은 나의 가치를 몸으로 증명하는 재신임이다. 좋은 리더는 말로만 하지 않고 몸으로 보여준다. 가장 믿음직한 리더십은 미사여구를 말하는 입담에서 나오지 않고 몸으로 보여주는 솔선수

범에서 나온다. 리더십의 핵심은 말과 행동, 앎과 삶이 하나로 통일되는 지행합일에서 나온다. 지행합일의 원동력은 아는 지성이 아니라 움직이는 행동에서 비롯한다. 어디서든 모임을 주도하는 사람은 아이디어가 활발하게 살아 숨 쉬고 끊임없이 몸을 움직여 운동하는 사람이다. 움직임은 곧 책임을 다하는 사람이 보여주는 안간힘이다. 소임을 다하는 사람은 끊임없이 움직인다. 움직이지 않고 자리에 앉아서 고민을 거듭하는 사람은 해임된다. 책임을 역임하고 중임을 다하는 사람은 하나같이 움직이는 사람이다. 움직이지 않으면 흔들림이 찾아온다. 움직이지 않고 생각만 거듭하면 생각의 저장고도 뒤틀린다. 움직이지 않고 장고長考를 거듭할수록 망설여진다. 움직임보다 생각이 많아지면 걱정과 고민도 많아지면서 삶은 활력을 잃기 시작한다. 움직임의 반대는 망설임이다. 망설임이 거듭될수록 내장은 꼬이고 의지는 꺾인다. 움직임의 또 다른 반대말은 꼬임이고 꺾임이다. 움직이지 않는 상태가 지속되면 쓰라림이 찾아온다. 속이 쓰린 이유는 움직이지 않고 생각만 해서 스트레스가 가중되기 때문이다. 움직여라. 이전과 다른 세상이 열린다. 움직이는 사람은 움직이는 사람을 만난다. 더 힘들게 움직이는 사람은 더 힘들게 움직이는 사람과 쉽게 연결되고 연대를 맺는다. 관념적으로 생각해서 뭔가를 깨우치는 사람보다 육체적으로 힘든 고통을 경험하는 사람들이 아무런 조건 없이 친밀감을 느끼고 믿음을 주고받는다. 힘든 움직임으로 거둔 성과나 성취일수록 오랫동안 우리 몸에 짜릿한 추억으로 남는다. 움직임이야말로 나의 존재 이유를 드러내는 몸부림이자 더불어 살아가는 공동체의 움막이나 마찬가지다.

04

근력이 매력이고
권력이고 자본이다

근력筋力은 보디빌더처럼 우람한 근육이라기보다 일상생활에 필요한 최소한의 근육을 능가하는, 표준 이상의 근육량을 보유한 사람이 보여주는 근본적인 힘, 근력根力이다. 또한 근력이 있는 사람이 뭐든지 적극적으로 도전하고 부지런히 반복해서 뭔가를 성취하는 근면한 힘, 근력勤力이다. 뿌리까지 파고드는 근력根力과 뭔가를 꾸준히 반복해서 부지런히 움직이는 근력勤力의 원동력은 근력筋力이다. 근력은 결국 한 사람이 한 분야의 경지에 오르도록 이끌고 가는 추동력의 상징이자 나를 살아 숨 쉬게 만드는 생명력의 원천이다. 근육이 붙어야 힘이 생기고 근육이 점차 없어지면 노화가 촉진된다. 피골이 상접한 사람은 겉모습만 봐도 바람에 날아갈 것처럼 가볍고 연약해 보인다. 몸에 근육이 붙으면 가만히 있어도 에너지가 소비되는 기초대사량이 늘어나 그만큼 살이 찌지 않는다. 근력은 사람을 건강하게 만드는 면역력을 높여주며, 젊음을 되찾아주는 회춘약이다. 살은 찌기 쉽지만 한 번 찐 살은 빠지기 어렵다. 근력은 만들기 어렵지만 노력하지 않으면 시나브로 빠져나간다. 근력은 오로지 육체적 노력을 통해서만 생기는 체력이다. 근력으로 버티는 체력 없이는 뇌력도 나오지 않는다. 사력을 다해서 노력하는 힘의 원천은 근력이다. 근력은 마지막까지 포기하지 않고 버티고 견디는 공력功力이자 기력氣力이다. 정력적인 사람은 모두 근력이 풍부한 사람이다.

① 근력은 원대한 꿈으로 이끌어가는 '원동력'이자 '생산력'이다

꿈은 애써 꾸어도 실현할 의지나 힘이 없으면 몽상이나 망상으로 전락한다. 꿈을 현실로 끌어오는 상상력에 불굴의 의지가 추가되지 않으면 공상이나 환상으로 바뀐다. 꿈이 현실이 되기 위해서는 포기하지 않고 끝까지 추구하는 원동력이 있어야 한다. 원동력은 꿈을 꾸면서 설레게 만드는 근원적인 힘이며, 그걸 실현하도록 촉진하는 원천적인 힘이다. 근력은 꿈을 현실로 실현하는 원동력이다. 근력이 없으면 책상에서 탁상공론이나 일삼으며 관념적으로 꿈만 꾼다. 꿈에서 뭔가를 만들어내는 근본적인 동력이 바로 근력이다. 근력이 없으면 꿈을 잉태할 수 있는 생산력도 생기지 않는다. 힘들여 키운 근력이 힘을 낳는 원동력이자 생산력으로 선순환된다. 마지막까지 버티는 근력筋力이 뿌리까지 파고들어 근원적인 힘을 드러내는 근력根力이 되는 이유다. 근력이 없으면 미지의 세계를 꿈꾸는 이상에 도달하지 못하고 공상이나 망상 또는 몽상으로 전락한다. 미지의 세계를 향해 지치지 않고 진력盡力하는 힘은 근력에서 나온다. 근력이 없으면 체력도 나오지 않기 때문이다.

② 근력은 위기 상황에 순간적으로 대응하는 '순발력'이다

순발력은 운동 근육이 순간적으로 빨리 수축하면서 나는 힘이다. 순간적으로 빨리 수축하려면 평소에 근육량이 어느 정도 확보되어야 한다. 순발력은 순간적으로 발동하는 힘이다. 근육량이 함량 미달이면 순간적으로 반응하기 어렵다. 근육에 순발력이 없어지면, 순간적으로 판단하여 말하거나 행동하는 순발력도 없어진다. 순발력은 깊은 사유와 꾸준한 운동의 합작품이다. 사유 없는 행동은 난동이고 행동 없는 사유는 사장된다. 사유와 행동이 융합될 때 순발력은 극대화된다. 순발력은 위기 상황에 순간적으로 대응하는 난국돌파력이다. 근력이 없어지면 몸이 위기 상황에서 적기에 대응할 여력이 없어진다. 근력이 있어야 몸도 마음도 순간적으로 임기응변력을 발휘하는 순발력이 생긴다. 순발력이 없으면 과감하고 신속하게 몸에 명령을 주어도 생각대로 따라주지 않는다. 몸은 머리의 명령을 듣지 않는다. 순발력은 오히려 생각보다 몸이 앞설 때 발휘된다. 깊은 생각에 잠긴 머리가 검토를 거듭하다 난국은 악화일로惡化一路에 휩싸이고 돌이킬 수 없는 실기失期의 위험에 빠질 수 있다. 순발력은 탄력성을 지닌 근육이 육감적으로 받아들인 자극을 머리의 명령이 떨어지기 전에 몸이 반응할 때 발휘된다. 뇌가 몸을 지배할 때 나타나는 능력이 아니라 몸이 뇌를 지배할 때 발휘되는 능력이 바로 순발력이다.

③ 근력은 열정적으로 매진하게 만드는 '추동력' 또는 '추진력'이다

나는 내가 무슨 행동을 했는지의 역사적 산물이다. 나는 생각하는 갈대가 아니라 행동하는 광대다. 나는 갈림길에서 행동하지 않고 검토만 거듭하는 '꼰대'가 아니라 몸부림치며 미지의 세계를 그리워하며 갈망하는 괄목刮目할 만한 '상대相對'다. 생각만 하고 멈춰서 있으면 세상의 모든 유혹과 시류에 흔들리며 고민을 거듭한다.

하지만 갈림길에서 몸이 갈망하는 길로 접어들어 갈무리를 거듭하면 세상을 나의 무대로 삼고 자유롭게 연기하는 아름다운 광대가 될 수 있다. 내가 누구인지를 알아보는 방법은 나의 행동을 관찰하는 것이다. 나는 내 몸으로 보여준 행동에 고스란히 드러나 있다. 인간은 오만가지 생각을 하지만 생각이 그 사람의 정체를 드러내주지 못한다. 오로지 그 사람이 몸을 움직여 보여준 행동만이 그 자신이다. 순발력만 있고 추진력이 없으면 성취감을 맛보지 못한다. 순발력이 순간적으로 반응해서 위기 상황이나 문제 해결에 필요한 조치를 신속하게 취하는 근력이라면, 추진력은 주어진 과제를 해결하거나 난국을 극복하기 위해 지치지 않고 매진하는 데 필요한 근력이다. 순발력은 있는데 추진력이 추가로 발휘되지 않으면 우리가 원하는 성과를 거둘 수 없다. 추진력은 시련과 역경에도 불구하고 계속 정진하게 만드는 진력盡力이다. 근력이 부실하면 나를 행동하게 만드는 추동력이나 추진력도 발휘할 수 없다.

④ 근력은 지속적으로 반복하게 만드는 '지구력'이다

열정도 가끔 식는다. 냉정을 찾아서 식는 게 아니라 지속적으로 에너지를 태울 수 있는 힘이 부족할 때 식는다. 열정은 가슴에서 나오지 않고 체력에서 나온다. 체력이 고갈되면 만사가 귀찮아지고 의욕도 상실된다. 체력의 원천은 근력이다. 아무리 의지를 불태우고 열정을 드높이려 해도 근력이 없으면 지속적으로 뭔가를 추구하기 어렵다. 열정이 지구력을 만나지 못하면 몇 번 반짝 불타고 없어지는 불꽃이 된다. 열정이 지치지 않고 지속적으로 발휘되려면 이를 뒷받침하는 지구력이 필요하다. 성공과 성취의 비결은 한두 번 반짝 시작하는 힘이 아니라 꾸준히 반복하는 힘에서 나온다. 지루한 반복에서 반전을 일으키는 힘의 원천이 지구력이다. 오랫동안 버티고 견디는 지구력은 오랜 시간 일정한 근력을 지속적으로 발휘할 수 있는 근지구력에서 나온다. 지구력은 오래 견디는 내구력이자 깊이 파고들어 따져보는 탐구력이다. 근지구력이 있어야 스스로를 구하는 지구력도 힘을 발휘한다. 순간적으로 대응하는 순발력과 과감한 추진력이 융합되어 지구력으로 연결되는 순간 놀라운 성취감을 맛볼 가능성도 그만큼 높아진다.

⑤ 근력은 멈출 때 멈추게 만드는 '제동력'이다

근력은 에너지를 생산하는 원동력이자 목표를 향해 매진하게 만드는 추동력을 넘어 그걸 지속적으로 반복하게 만드는 지구력

일 뿐만 아니라 하던 일을 급히 멈추게 만드는 제동력이기도 하다. 하던 일을 급히 멈추는 제동력은 위험한 상황으로부터 빠져나오게 만드는 위력이 될 수 있다. 순발력, 추진력, 지구력 같은 목표를 향해 매진하는 근력도 중요하지만 필요한 시기에 순간적으로 앞으로 나가려는 진력進力에 힘을 가해 멈추게 하는 근력도 중요하다. 제동력은 장애물을 만나거나 위기 상황에 직면하는 순간 앞으로 나가려는 힘을 멈추게 하는 힘이다. 이것은 자동차가 목적지를 향해 달리는 가속력 못지않게 중요하다. 추동력을 제로로 만들어 방향을 원천적으로 재점검하고 끝내 깊은 성찰에 이르게 하는 제동력 역시 근력에서 나온다. 근력이 없어지면 추동력은 물론이고 멈춰야 할 때 과감하게 즉시 멈출 수 없다. 멈춤이야말로 내가 향후 어떤 춤으로 나를 드러낼지를 점검하고 성찰하는 순간이다. 멈춤의 미학을 가꾸는 제동력은 이전과 다른 추동력을 생산하는 원동력이다. 결국 제동력과 추동력의 원동력도 근력인 셈이다.

⑥ 근력은 나를 살아 숨 쉬게 만드는 '자생력'이자 '생활력'이다

사람은 생존을 넘어 생활해야 한다. 있는 그 자체만으로는 존재 이유를 알 수 없을 뿐만 아니라 존재 가치를 증명할 수 없다. 존재 이유와 가치는 나의 생명성을 드러내는 증표다. 자생성은 야생성에서 유래한다. 즉 야생에서 시련과 역경을 극복하면서 자신도 모르게 몸에 배는 능력이 자생성이다. 자생력은 자생성이 만들어내는 근력이다. 야생에서 야성을 기르는 과정에서 근력은 저절로 단련된다. 하지만 요즘 사람들은 야생성에서 시련과 역경을 견뎌내면서 내공을 쌓을 수 있는 기회를 박탈당한 채 책상에 앉아 지성만 집중적으로 단련한다. 야성 없는 지성은 지루하고 지성 없는 야성은 야만일 수 있다.

근력이 부실하면 활동 반경이 줄어들고 원활한 생활이 어려워진다. 활발하게 활동하기 위해서는 근력이 필수적이다. 활발한 활동이 그 사람의 생명력을 더욱 치솟게 만들고 생활력을 보여주는 가시적 지표가 된다. 근력이 풍부한 사람일수록 뜨거운 열정과 불굴의 의지로 왕성한 활동을 전개한다. 왕성한 활동은 선순환되어 자생력을 키워준다. 자생력의 근원에 근력이 자리 잡고 있다. 근력으로 생긴 자생력은 어떤 상황에서도 굴하지 않고 살아가려는 생활력을 낳는다. 그리고 생활력은 활력 넘치는 인생을 보증해준다.

⑦ 근력은 자기다움을 드러내고 자력갱생하는 '나력裸力'이다

나력은 이름 석 자 외에 입고 있는 모든 옷을 벗었을 때 드러나는 나체의 힘이다. 나력은 유영만 교수에서 교수라는 포지션 타이틀을 떼어내고 유영만 이름 석 자로 언제 어디에서든 자기를 고스란히 드러내는 힘의 원천이다. 나력은 조직의 우산으로 보호받지 않고 오로지 자기 힘으로 자신의 본질과 정체를 드러내는 고유한 경쟁력이다. 근력이 있는 사람은 그만큼 독창적인 내공이 돋보이며 세상 사람의 눈치에 아랑곳하지 않고 자기 본연의 정체성을 드러낸다. 근력으로 자신감을 회복한 사람은 누구보다도 자존감이 높고 자력갱생으로 자신의 가치를 드러낼 가능성이 높은 사람이다. 나력이 뛰어난 사람은 자신을 둘러싸는 모든 형용사의 거품을 걷어내고 오로지 자기다움의 본질과 자기 정체성으로 진가를 드러내는 사람이다. 끊임없이 자기 존재 가치를 드높여서 생기는 나력의 원동력은 근력이다. 혹한의 추위를 견뎌내는 나목처럼 나력으로 자기다움을 드러내는 사람 역시 근력筋力으로 견디며, 파고들어 승부수를 던지는 근력根力이 남다르다.

⑧ 근력은 남다른 공력功力으로 역사를 만들어가는 '경력經歷'이다

남다른 경력을 쌓은 사람은 한결같이 자신이 처한 역경을 뒤집음으로써 색다른 실력을 보유하게 된 사람이다. 남다른 경력은 역경이 낳은 자식이다. 경력은 한 사람이 치열한 삶을 살아오면서 남긴 얼룩과 무늬가 씨줄과 날줄로 엮여 있는 역사적 산물이다. 경력을 들여다보면 그 사람이 어떤 공부를 해왔으며 그 공부를 통해 어떤 성취를 이루어왔는지를 알 수 있는 공력功力이 보인다. 공을 들이기 위해서는 근력이 필요하다. 근력 없이는 정성과 노력도 없고, 정성과 노력 없이는 남다른 경력도 탄생할 수 없다. 경력으로 피워내는 아름다운 꽃은 모두 근력으로 성취한 감동적인 열매다. 근력이 부족하면 역경을 뒤집어 경력으로 재창조할 수 없다. 끈질기게 물고 늘어지면서 마침내 장애물을 뛰어넘어 성공과 승리의 월계관을 쓰기 위해서는 마지막까지 버티고 견딜 수 있는 근력이 필요하다. 모든 경력자는 무엇보다도 근력 관리를 체계적으로 반복한 사람이다. 경력은 한두 번의 공력으로 만들어지지 않는다. 부단한 노력의 역사적 산물이 바로 경력이다. 경력은 숱한 난관을 뚫고 나온 성취력이자 불확실함 속에서 방향을 잃지 않고 역경을 이겨낸 돌파력이다. 경력의 저변에는 언제나 근력이 자리 잡고 있다. 근력으로 경력을 쌓아 나가는 사람일수록 경력에서 우러나오는 남다른 혜안과 안목을 발휘하는 사람이다.

⑨ 근력은 나의 존재 가치를 결정하는 '경쟁력'이다

경쟁력은 경쟁을 통해서만 생긴다. 남과의 경쟁에서 이기려면 근력이 있어야 한다. 근력이 있어야 뿌리까지 파고드는 근력根力이 생기지 않는가. 이미 굳어진 관성에 의문의 화살을 던져 근성根性을 캐보려는 노력이 필요하다. 타성에 젖은 생각에 반문을 던져 본성本性을 찾아보려는 본연本然의 시도 없이 색다른 경쟁력은 생기지 않는다. 색다른 경쟁력은 타성에 젖어 살거나 습관적으로 반복하는 관성으로는 만들어지지 않는다. 경쟁력은 이전과 다른 생각과 행동을 꾸준히 반복하면서 쌓이는, 경쟁 상대를 이길 수 있는 전투력이다. 진정한 의미의 경쟁력은 남과의 경쟁에서 생기지 않고 어제의 나와 경쟁할 때 생긴다. 어제의 내가 했던 생각과 행동 방식에 비추어 오늘은 어제보다 조금이라도 더 나아지려고 안간힘을 쓸 때 비로소 생기는 아우라다. 경쟁력은 처음 시작하는 초심初心으로 돌아가려는 초연超然의 자세로 내가 누구인지를 질문하는 가운데 비교할 수 없는 경쟁력이 창조된다. 그렇게 반성하고 성찰하지 않으면 나의 존재 가치를 키우는 경쟁력이 타자를 이기려는 엉뚱한 힘으로 작용할 수 있기 때문이다. 이렇게 될 때 진정한 경쟁력은 경쟁하는 힘을 넘어 나를 살리고 더불어 살아가는 공생력으로 발전한다.

⑩ 근력은 나의 아름다움을 드러내는 '매력'이자 '권력'이다

근력은 매력의 원동력이고 권력을 만들어내는 생산력이다. 근력은 몸매를 바로잡아 준다. 몸매가 바로잡힌 사람은 누구에게나 호감을 주는 끌리는 사람이다. 누구든 끌림이 있는 사람에게 쏠리고 홀리게 마련이다. 끌림이 쏠림과 홀림을 부른다. 몸매가 망가진 사람에게 끌리는 일은 없다. 몸매는 겉으로 보이는 몸의 매무새만을 의미하지 않는다. 진정한 몸매는 튼실한 근력이 뿜어내는 마력이 몸과 마음에서 동시에 나타나는 매력이다. 뭔가 다른 사람은 몸이 다르다. 뭔가 다른 사람, 경지에 이른 사람, 다른 사람의 존경을 받는 사람은 모두 몸이 남다르다. 그들은 모두 정신 건강은 물론이고 신체 건강을 위해 자기만의 운동을 밥 먹듯이 실천하면서 철저하게 자기 관리를 하는 사람이다. 자기 관리에 실패한 사람은 그 어떤 것도 관리하기 힘들다. 근력으로 무장된 아름다운 몸과 마음의 매무새를 지닌 사람은 걸음새도 남다르고 금세 다른 사람이 한

눈에 반할 수 있는 매력을 지닌다. 그런 사람에게는 한눈에 빠지지 않을 수 없다. 결국 근력으로 매력을 드러내는 사람이 시나브로 상대를 지배하는 권력을 갖게 된다. 근력이 매력을 낳고 매력이 권력을 생산한다.

근력은 이제 매력과 권력의 원동력을 넘어 자본이 된다. 운동으로 키운 근력이 매력이자 권력이며 자본인 셈이다. 남은 인생을 활력 있게 살아가는 가장 확실한 방법은 근력에 투자하는 것이다. 운동으로 키운 근력은 행운을 불러오는 마력이자 행복하게 살아가게 만들어주는 가장 믿을 만한 신탁이다. 세상을 뒤흔들고 싶은가. 내 몸부터 가꾸고 만들어야 한다. 믿을 건 몸밖에 없다. 몸에게 나의 미래를 맡기기로 투자 신탁 계약을 체결해야 한다. 가장 믿을 만한 투자 신탁, 몸에 투자하는 신탁이다. 그 몸에서 울리는 소중한 깨달음의 전주곡과 체혼곡體魂曲은 한 사람의 삶과 함께 온다. 몸은 그 사람이 살아온 역사적 기록의 보고이자 희로애락이 간직된 악보다. 삶의 매 순간마다 쉽지 않은 삶을 살면서 안간힘을 쓰며 몸을 사용한 역사가 한 사람과 함께 한 세상을 열어가는 것이다. 작은 몸동작 하나에도 내 몸의 근육은 저마다의 위치에서 힘을 쓰면서 힘든 순간을 버티고 견뎌낸다. 그런 한순간의 축적이 한 사람의 한평생을 만들어간다. 그동안 내가 무수히 반복한 작은 동작의 축적이 수많은 작품을 탄생시킨 흔적이다. 움직여야 작품이 탄생한다. 그러나 생각만 움직여서는 생각이 현실로 구현되지 않는다. 생각을 구현하는 몸이 움직여야 동작이 발생하고, 그 작은 동작의 반복이 작지만 하나의 이정표를 세우는 작품을 만드는 원동력이 된다. 동작은 몸을 움직이는 근육에 의한 것이다. 결국 근력이 동작을 일으킨다.

힘든 시기일수록 믿을 건 몸밖에 없다. 몸이 중심에서 나를 굳건히 버텨줄 때 나는 세상의 중심으로 부각한다. 몸은 우리를 경쟁의 승리자로 이끌어갈 주인공이다. 몸으로 움직인 만큼 강해지는 근력이야말로 체력의 근간이며 삶의 원동력이자 나의 가치를 온몸으로 증명해주는 가장 확실한 자본이다. 근력은 매력의 근간이며 타자를 이끌어가는 권력이자 나의 자산 가치를 증명해주는 자본이다. 모두가 힘든 시기를 극복하는 하나의 비결은 힘든 상황과 힘겹게 싸워 이길 수 있는 힘을 기르는 근력 운동에 있다. 근력이 난국을 돌파하는 괴력의 원천이며, 정면으로 도전하는 추진력이며, 마침내 나를 정상으로 끌어올리는 견인력이다. 한 번도 경험해보지 못한 난국일수록 책상에 앉아서 머리로 생각하는 해결 방안은 현장에서 속수무책이다. 몸으로 겪으면서 깨달은 체험적 각성이 아니면 뼈저리는 진리로 다가오지 않는다. 모든 진리는 견딜 수 없는 고통이 몸을 관통하면서 내 몸에 남긴 진저리만큼 생긴다. 이성이 지시하고 명령하는 삶보다 몸으로 부딪히며 깨닫는 각성이 요구하는 방향대로 삶을 살아가야 한다. 그때 몸은 내가 원하는 방향으로 나를 끌어다 준다. 뇌력도 체력이 뒷받침되어야 나오고, 논리적 로고스나 감성적 파토스, 신체성을 증명하는 에토스 없이는 무력한 설명력과 공허한 호소력에 지나지 않는다. 근력을 길러야 매력이 생기고 권력을 잡을 수 있으며 내 몸으로 지적 자본을 창조할 수 있다.

05

부동산과 주식보다
허벅지에 투자하라

부동산과 주식은 조목조목 따져보다 의사 결정이 이루어지면 과감하게 행동에 옮기는 투자 대상이다. 그만큼 단기간에 자산 증식을 이룰 수 있다. 순간적 판단의 결과로 일희일비하는 이유다. 하지만 부동산과 주식 투자는 성공과 실패의 여운에 따라 주식主食까지 걱정될 수 있다. 이에 반해 허벅지 근육 운동은 단기 투자 대상이 아니다. 허벅지 근육은 하루아침에 만들어지지 않기 때문이다. 오랜 기간 꾸준히 시간과 노력을 투자해야 비로소 괴력이 드러나는 매력적 투자 대상이다. 허벅지가 부실하면 부자가 되어도 축적한 부를 마음대로 누릴 수 없다. 한 살이라도 더 먹기 전에 허벅지 근육에 투자해야 부지런히 움직이며 원하는 부를 축적할 수 있다.

걸어가는 사람의 뒷모습을 볼 때 걸음걸이가 힘 있고 안정감 있는 사람은 허벅지가 남다르다. 반대로 바람에 날아갈 듯 걸음걸이가 불안한 사람은 허벅지 역시 너무 얇아서 금방이라도 주저앉을 듯하다.

허벅지가 말벅지가 되면 말처럼 달리는 체력이 생긴다. 말벅지가 되면 세상의 어떤 걸림돌도 디딤돌로 바꿔 넘을 수 있는 자신감이 생긴다. 허벅지가 철벅지가 되면 세상이 내리누르는 어떤 짐도 버티고 견뎌낼 수 있는 지구력이 생긴다. 지구력이 생기면 내 몸은 지구도 들어 올릴 수 있을 정도로 지속가능한 힘을 만들어내는 에너지 발전소가 된다. 허벅지는 힘든 삶을 버티는 내 몸의 기반이며 시련과 난관을 극복할 수 있는 희망의 디딤돌이다. 허벅지가 두꺼워지면 나에게 다가오는 장애물이 겁나지 않게 된다. 강한 하체의 힘으로 밀어붙일 수 있다는 자신감이 나온다. 허벅지가 꿀벅지가 되면 몸의 변화를 바라보는 마음이 달라진다. 매력적인 몸이 매력적인 생각을 유발한다. 생각이 몸을 바꾸는 게 아니라 몸이 생각이 바꾼다. 허벅지가 꿀벅지로 바뀌면 몸 전체의 근육량이 늘고 몸의 중심인 척추를 받치는 힘 또한 강해진다. 탄탄한 허벅지는 허리와 골반은 물론이고, 걷고 뛰는 일상을 지탱해주는 든든한 버팀목이 된다. 또 허벅지 근육의 발달은 모세혈관을 추가로 발달시켜 소비하는 에너지양이 늘어나게 만든다. 늘어나는 근육량은 남성 호르몬의 합성 과정과 분비 활동을 촉진시키는데, 즉 튼실해진 허벅지는 그만큼 건강한 일상생활을 즐길 수 있게 만들어준다.

이런 점에서 허벅지 근육은 심장에서 나온 혈액을 몸의 다른 부위로 퍼다 나르는 제2의 심장이자 지치지 않는 강력한 에너지 생산의 원동력이다. 특히 혈액 순환이 둔화되는 중년 남성에게 허벅지 근육은 삶의 활력을 좌우하는 에너지 생산처이자 생존 자체를 좌우하는 삶의 버팀목이다. 간보다 더 많은 포도당을 저장하는 곳이 바로 근육, 특히 허벅지 근육이며, 따라서 허벅지 근육이 두꺼울수록 저장할 수 있는 에너지가 늘어난다. 연구 결과에 따르면, 남성의 허벅지 근육은 총 근육의 약 40% 정도를 차지하고 단백질 총량의 약 25%를 합성해낸다고 한다. 허리둘레가 늘어날수록 행복지수는 떨어지고 허벅지가 두꺼워질수록 행복지수는 증가한다. 허리둘레를 줄이고 허벅지 두께를 늘리는 길, 행복한 삶의 출발점이다.

건강한 허벅지가 만들어내는 여섯 가지 지식

지식의 사전적 정의는 '어떤 대상에 대하여 배우거나 실천을 통하여 알게 된 명확한 인식이나 이해'다. 몸이 매력적이면 거기서 나오는 생각, 그리고 그 생각이 만들어내는 지식도 매력적이다. 허벅지가 두꺼워지면 다음과 같은 매력적인 여섯 가지 지식이 탄생한다.

건강한 허벅지가 만들어내는 첫 번째 지식은 바로 '묵은지知'다. 일정 기간의 숙성 시간이 필요한 묵은지처럼 지식에도 시간이 필요하다. 삶에 대한 깊은 통찰력과 혜안을 전해주는 좋은 지식이 되려면 다양한 정보의 체험적 적용이 더해지고, 자기만의 통찰력이 추가되어야 한다. 빛의 속도로 정보에 접속한다고 해서 그것이 모두 나의 지식으로 전환되지는 않는다. 내가 습득하는 다양한 정보는 일정 기간의 체험적 적용과 성찰 과정을 통해 저마다의 신념과 철학이 추가되어 색깔 있는 지식으로 거듭난다. 도처에 산재한 모든 정보를 내 몸을 움직여 체험해보지 않고서는 나의 신념과 철학이 반영된 지식은 탄생하지 않는다. 모든 지식은 쉽게 말로 다할 수 없는 암묵지이자 개인의 신념과 철학이 반영된 인격적 지식이다. 이런 지식은 하루아침에 탄생되지 않는다. 시행착오와 우여곡절 끝에 깨달은 체험적 교훈만이 숙성된 지식으로 탄생된다. '묵은지'는 체험적 통찰력으로 숙성되고 연마된 지식이다. '묵은지'를 창조하려면 허벅지로 견뎌내는 내공이 필요하다.

건강한 허벅지가 만들어내는 두 번째 지식은 '근거지知'다. 모든 지식은 태생적 배경과 사연을 담고 있다. 동일한 지식이라고 할지라도 언제 어디서 누가 어떤 문제의식을 근간으로 창조했는지, 그리고 그런 지식이 어떤 상황적 맥락에서 적용되고 논의되는지에 따라 전혀 다른 의미로 다가온다. 허벅지로 견뎌내면서 사투 끝에 탄생한 지식은 특정한 맥락에서 문제의식을 갖고 태어난 구체적인 지식, 문제 상황의 고유한 맥락성을 강조하는 독창적인 지식이다. 이런 모든 지식은 뿌리를 갖고 태어나서 사용자의 문제의식과 적용 맥락에 따라 의미가 부여되고 새롭게 재탄생되기도 한다. '근거지'는 근본을 파고들어 뿌리를 뒤흔드는 지식이다. '근거지'에는 근거 있는 배경과 사연이 담겨 있다. 따라서 '근거지'를 창조하려면 격심한 고통에도 불구하고 아래로 파고드는 강인한 체력이 필요하다. 이때 허벅지는 결정적인 힘을 발휘한다. 시류에 흔들리지 않고 남과 비교하지 않고 오로지 자신의 색깔을 찾아가는 철학이 '근거지'를 만들어낸다.

건강한 허벅지가 만들어내는 세 번째 지식은 '한가지知'다. 모든 지식은 저마다의 문제의식과 탄생 배경, 그리고 지식 창조 주체의 사연을 담고 있다. 색깔이 다르고 스타일도 다르다. 허벅지 힘으로 만들어내는 지식은 어떤 상황에서도 일반적으로 통용되는 절대 진리眞理라기보다 특정 맥락에서 통용되고 공감하고 합의하는 일리一理에 가깝다. 내 몸이 관여한 문제 상황에서 탄생된 지식은 실천 현장에서 숱한 고뇌와 좌절, 절망과 고통을 먹고 자란 인고의 산물, 임상적 지식이다. 현장에서 몸으로 고뇌하면서 창조한 지식은 책상 논리로 만들어내는 공허한 관념적 지식을 넘어선다. 허벅지 힘으로 창조한 지식은 저마다의 문제의식과 사연을 담고 있지만 한 가지 공통점은 체험적 깨달음을 담고 있어서 심금을 울리는 지식이라는 점이다. 이 지식들은 저마다 다양한 문제의식과 사연과 배경을 지니고 있지만 하나의 진리다. 여러 개의 나뭇가지가 하나의 뿌리와 줄기에서 뻗어 나오는 것과 마찬가지다. '한가지'는 복잡한 현상을 단순하게 표현하는 놀라움이 담겨 있는 지식이다. 이런 지식이 축적되면 복잡한 생각을 단순화해 설명하는 체험적 통찰력이 생긴다. 어려운 이야기를 쉽게 풀어서 설득하는 힘은 오로지 지식 창조 주체의 살갗을 파고드는 깨달음에서 나온다.

건강한 허벅지가 만들어내는 네 번째 지식은 '이바지知'다. 사람은 혼자 살아갈 수 없다. 사람은 서로가 서로에게 영향을 주고받으면서 살아가는 상호의존적 존재다. 나의 지식으로 상대방에게 도움을 제공하는 가치를 창조하려면 일정 기간 동안 내 분야에서 경지에 이를 만큼 몰두하고 집중해야 한다. 그래야 다른 사람의 문제를 해결하고 고민을 풀어주는 지식, '이바지'를 만들어낸다. 공동체의 선을 위해 봉사하는 지식, 다른 사람의 아픔을 치유하기 위해 기꺼이 발 벗고 나서는 지식이 바로 '이바지'다. 이바지할 수 없는, 이바지하지 않는 지식은 무용지식이나 마찬가지다. 다른 사람의 생존과 성장에 도움을 주는 지식이 되려면 우선 자신의 위치에서 최선을 다해 꽃을 피우고 열매를 맺어야 한다. 모든 지식은 덕분에 창조된 사회적 합작품이다. 내가 갖고 있는 전문성도 수많은 사람 및 환경과의 사회적 상호작용을 통해서 창조된 사회적 합작품이다. 허벅지 힘으로 버티면서 만들어낸 지식은 나만 혼자 소유하는 객체가 아니라 다른 사람과 부단히 공유하면서 세상의 아픔을 치유하고 봉사하며 기여하는 흐름이다. '이바지'는 자신의 전문성을 남을 위해 기꺼이 사용하는 지식이다. 이바지하려면 나부터 정신 바짝 차리고 몸을 만들어야 한다. 내 몸이 건강해야 다른 사람의 아픔을 치유하기 위해 발 벗고 나서는 공감력이 생긴다. 이바지는 공감력이 창조한 지식이다.

건강한 허벅지가 만들어내는 다섯 번째 지식은 '뚱딴지知'다. 누구나 살아가면서 한 번쯤은 뚱딴지같다는 핀잔을 받는다. 뚱딴지는 두 가지 의미를 갖고 있다. 우선, 완고하고 우둔하며 무뚝뚝한 사람을 놀림조로 이르는 말이다. 뚱딴지의 또 다른 의미는 행동이나 사고방식 따위가 너무 엉뚱한 사람을 놀림조로 이르는 말이다. 여기서는 두 번째 의미에 근거해서 엉뚱한 사고방식을 촉진하는 지식으로 '뚱딴지'를 생각해본다. 딴생각은 딴짓에서 나온다. 딴짓을 하지 않으면 딴생각을 할 수 없고 딴생각을 하지 못하면 기존의 고정관념이나 타성을 깨부수는 새로운 발상이 어렵다. 허벅지가 두꺼운 사람은 보통 사람은 흉내 낼 수 없는 딴짓을 시도하고 뚱딴지같은 행동을 자주 한다. 거기서 탄생하는 건강한 지식이 '뚱딴지'다. '뚱딴지'는 색다른 체험과 사유가 만드는 지식이다. '뚱딴지'가 탄생하려면 인식과 관심이 다른 사람과 자주 만나 대화하고, 때로는 의도적으로 낯선 대상과 마주쳐야 한다. 갈등과 반목 속에서 서로의 허점이 드러나고 모순을 찾아내며 합의에 이르는 대안을 모색하는 가운데 이전에는 생각지도 못했던 '뚱딴지'가 탄생한다. '뚱딴지'는 두려움에도 불구하고 정면으로 도전하는, 허벅지가 두꺼운 사람이 온힘을 다해 세상의 흐름을 뒤집는 발상에서 비롯되는 지식이다.

건강한 허벅지가 창조하는 여섯 번째 지식은 '별천지知'다. '별천지'는 일상에서 찾을 수 없는 상상의 목적지가 아니다. '별천지'는 누구나 마음만 먹으면 어제와 다른 방식으로 즐기고 의미를 찾을 수 있는 근무지다. 허벅지는 일상에서 비상하는 상상력을 구체적인 현실 변화를 일으키는 지식으로 만들어내는 근원지다. '별천지'는 지금 여기를 벗어나 전혀 다른 세계를 상상하는 판타지가 아니다. 오히려 '별천지'는 기정사실도 사실로 받아들이지 않고 원래 그런 세계와 물론 그렇다고 생각하는 당연함에 어제와 다른 물음표를 던져 새로운 가능성을 부단히 모색하는 세계다. 별 볼 일 없는 일상에서 어제와 다르게 별다른 세계를 부단히 만들어가는 과정에서 '별천지'가 탄생된다. '별천지'는 기정사실을 사실로 받아들이지 않고 이방인의 눈으로 세상을 바라보는 가운데 창조되는 지식이다. 집요한 관찰력과 끈질긴 몰입이 전제되어야 '별천지'가 보인다. 결국 오랫동안 버티고 견뎌내는 허벅지의 체력이 뇌력을 뒷받침해줘야 '별천지'가 탄생한다. '뚱딴지'가 색다른 발상을 촉진시켜 현실에 안주하려는 구성원들의 사유 체계를 뒤흔드는 지식이라면 '별천지'는 현실을 박차고 비상해서 놀라운 상상력을 꿈꾸는 지식이다. '뚱딴지'가 딴짓과 딴생각의 결과라면 '별천지'는 꿈의 목적지를 그리며 상상하는 가운데 탄생한 구상의 산물이다.

꿈의 목적지는 머리만으로 도달할 수 없다. 꾸준히 꿈꾸는 곳으로 걸어가는 몸이 꿈을 현실로 만든다. 허벅지가 두꺼워야 꿈의 목적지로 가는 과정에서 그를 방해하는 온갖 장애물을 걷어낼 수 있다. 허벅지는 '별천지'로 가는 여정을 연결하는 다리다.

허벅지는 '묵은지', '근거지', '한가지', '이바지', '뚱딴지', '별천지'라는 지식을 만들어내면서 일관된 이미지知와 메시지知를 전해준다. 건강한 허벅지가 창조하고 공유하는 모든 지식은 자기만의 문제의식으로 숙성되어('묵은지'), 그 어디에서도 찾을 수 없는 고유하면서도 튼실한 뿌리를 갖는다('근거지'). '묵은지'에 담긴 신념과 철학의 숙성이 어떤 세파에도 흔들리지 않는 '근거지'로 이어진다. '묵은지'와 '근거지'는 이를 필요로 하는 모든 사람들에게 발 벗고 나서서 봉사하며 '이바지'할 수 있는 지식이다. 나아가 허벅지의 체력으로 창조하는 지식은 상식과 고정관념에 의문을 던져 타성을 깨뜨리며 색다른 사유를 촉진시키는 '뚱딴지'를 만들어낸다. 마지막으로 '뚱딴지'를 통해 그 누구도 경험해보지 못한 색다른 '별천지'에 이르게 만드는 원동력도 결국 허벅지에서 나온다. '뚱딴지'가 엉뚱한 생각으로 색다른 발상을 촉진한다면 '별천지'를 통한 지식 생태계는 지금 여기서 가볼 수 없는 이상적인 세계를 꿈꾼다. 건강한 허벅지에서 비롯한 이런 여섯 가지 건강한 지식을 지닌 다면 이전과는 전혀 다른 이미지와 메시지를 품을 수 있게 된다.

허벅지가 부실하면 똥배가 나온다

허벅지가 부실해지면 세상이 나에게 던져주는 다양한 짐을 지고 버티고 견디는 힘이 없어진다. 꿈도 야망도 사라지며, 가능성을 찾아 도전하는 일도 멈추기 시작한다. 그저 주어진 일에 안주하며 존재 자체에 의미를 부여하기 시작한다. 허벅지는 미지의 세계를 지향하는 원대한 꿈을 실현하는 강력한 기관이자 엔진이다. 그런데 나이가 들면서 근육량이 현격하게 감소할 때 그 첫 번째 부위가 바로 허벅지다. 따라서 허벅지가 가늘어진다는 것은 노화가 빠르게 진행되고 있다는 의미다. 허벅지가 가늘어지면 포도당 저장 공간이 줄어들면서 피하지방이 뱃살로 몰려 똥배가 나온다. 가분수처럼 상체를 버틸 수 있는 힘이 없어지고 가벼운 일상생활도 귀찮아진다. 설상가상으로 허벅지 근육이 약해지면 치매의 위험성도 높아진다. 또 허벅지 둘레는 당뇨병과 연관이 깊어서 허벅지 둘레가 1cm 줄 때마다 당뇨병 위험도가 9% 증가한다는 연구 결과도 있다. 반면에, 저수지의 저수량이 증가하면 많은 비가 와도 홍수를 조절할 수 있듯, 허벅지를 말벅지나 철벅지처럼 단련하면 증가한 근육량 덕분에 당분을 저장하는 저수량이 증가해 혈당 조절 능력이 향상된다.

이 외에도 똥배가 나오고 허벅지가 부실해지면 각종 성인병을 견뎌내는 힘도 없어진다. 2014년 분당서울대병원의 연구에 의하면, 근육이 없는 근감소증을 앓는 노인의 사망률이 일반인보다 세 배 높다고 한다. 특히 대부분의 근육이 몰려 있는 허벅지 근육이 부실해지면 질병 발생률이 높아질 뿐만 아니라 질병에 걸렸을 때 이를 극복할 에너지를 생산할 원천을 잃게 된다. 허벅지 근육은 모든 힘의 원천이자 에너지 발생의 출발점이다. 허벅지 근육이 줄어들면 심혈관계 질환의 발병 위험도 증가한다. 허벅지 근육이 줄어들면 몸의 곳곳으로 피를 더 힘 있게 보내주는 제2의 심장 역할이 줄어들며, 그 결과 고혈압을 비롯한 심혈관계 질환이 올 수 있다. 또 분비되는 남성 호르몬의 양도 현격하게 줄어들어 정력 감퇴, 배뇨 장애, 전립선 질환은 물론이고 무기력증과 우울증이 올 수 있다. 뼈를 붙잡는 근육의 약화로 관절염 발생률도 높아진다. 허벅지 근육이 두껍고 탄탄하면 무릎으로 가는 충격이 흡수되지만, 그렇지 않을 경우 그만큼 무릎으로 전해지는 충격이 늘어나 퇴행성 관절염의 발병률이 높아진다.

부실한 허벅지가 만드는 건강하지 못한 여섯 가지 지식

허벅지가 부실할 때 나오는 첫 번째 지식은 '싸가지知'다. 원래 싸가지는 싹수를 뜻하는 방언으로, 싹수는 '어떤 일이나 사람이 앞으로 잘될 것 같은 낌새나 징조'를 뜻한다. 그러나 보통 편의상 싸가지가 없는 사람을 싸가지라 부르기도 한다. 이외수 작가에 따르면 '개념, 교양, 양심, 예의가 없는 사람이 싸가지가 없는 사람'이다. 여기에 추가해서 싸가지가 없다는 말은 남을 존중하거나 배려할 줄 모르고, 겸손한 자세로 감사할 줄 모르는 사람이다. 존중, 배려, 겸손, 감사를 모르기에 희망이나 가망이 없는 안하무인이다. 한마디로 싹수가 노란 사람이다. 머리는 좋은데 타인을 배려하는 따뜻한 가슴이 없어서 왠지 가까이 하고 싶지 않은 사람이다. 싸가지가 없는 사람은 쉽게 교육으로 해결되지 않는다. 소질과 능력의 싹수가 부족한 것은 교육으로 치유가 가능하지만 예의나 버릇은 교육으로 고치기 어렵다. 장기간의 자가 치유와 깊은 성찰, 그리고 주변 사람들의 인내가 요구되는 배려로 마음을 바꾸는 노력이 필요하다. '싸가지'는 따뜻한 가슴이 동반되지 않고 차가운 머리로만 만들어낸 논리적인 지식이다. '싸가지'는 머리로 이해는 가지만 가슴으로 와 닿지 않는 지식이다. 나의 용기와 결단, 철학과 신념이 들어 있지 않은 지식이다. 몸이 부실하니 책상에 앉아서 잔머리만

굴린다. 이리저리 몸을 움직여 시행착오를 겪어봐야 판단 착오가 줄어든다. 하지만 몸으로 실천할 기력이 없으니 책상에 앉아서 요리조리 잔머리만 굴린다. 얄팍해진 허벅지로는 얼마 버티지 못한다. '싸가지'는 몸으로 터득한 감동적인 지식이 아니라 겉으로 맴도는 밥맛없는 지식이다.

허벅지가 얇아지면 나오는 두 번째 지식은 '꼬라지知'다. '싸가지'가 그 사람이 보여주는 태도에서 나오는 말이라면, '꼬라지'는 겉으로 드러나는 외모나 모습을 지칭하는 것이다. 본래 '꼬라지'는 '꼬락서니'나 '꼴'에서 나온 말이다. 꼴은 겉으로 보이는 사물의 모양이나 사람의 모습 또는 행태를 낮잡아 이르는 말이다. '우여곡절 끝에 꼴을 갖췄다'는 표현에서 꼴은 좋은 모습을 지칭하지만 '저 사람 꼴이 말이 아니다', '꼴도 보기 싫다'에서는 좋지 않은 모습이다. 꼴을 더 심하게 말하면 꼬락서니가 된다. 적당히 맘에 안 들면 꼴을 쓰고, 정말 불쾌한 언행이 등장해 심기가 몹시 불편한 경우에는 꼬락서니를 쓰면 된다. 꼬락서니의 방언인 꼬라지는 남을 얕잡아 보면서 무시하거나 비하할 때 나오는 표현이다. 즉 '꼬라지'는 남을 업신여기고 깔보는 오만하고 거만한 자세에서 빚어지는 지식이다. 성품도 나빠 보이는 데다 겸손하지 않고 얼마 되지 않는 지식으로 남을 깔보기 시작하면 '꼬라지'가 탄생된다. '꼬라지'는 꼴도 보기 싫은 지식이다. 몸이 부실해지니까 책상머리에 앉아서 온갖 잔머리를 굴려 지식을 만들어낸다. 하지만 그 지식에는 그 사람의 철학과 혼, 인격과 정성이 증발해 있다. 내 몸을 던져 깨달은 체험적 지혜가 없다. 살갗을 파고드는 깊은 감동도 당연히 없다. 허벅지가 튼실해야 내 몸을 던져 나의 체험적 깨달음으로 터득하는 속 깊은 지식을 창조할 수 있다. 골이 깊어져야 결도 고와진다. 골수에 사무칠 정도로 처절한 사무침이 없을 때, 쉽게 사라지고 마는 '꼬라지'가 탄생한다.

허벅지가 부실할 때 탄생하는 세 번째 지식은 '철부지知'다. 사리분별을 하지 못하고 어린아이처럼 형편없는 행동을 하는 사람을 가리키는 우리말이 바로 철부지다. 철이 없다는 말은 계절의 변화를 모른다는 말이다. 철없이 사는 사람은 계절의 변화를 모르고 천방지축인 사람을 가리킨다. 과일이 철을 잊고 아무 때나 나온다. 철없는 과일을 먹어서 사람도 철이 없다는 이야기도 일리가 있다. 여기서 철은 세상의 변화를 감지하고 사리를 헤아릴 줄 아는 지혜를 뜻한다. 철을 알려면 오랫동안 계절의 변화를 몸으로 익혀야 한다. 봄이 오면 가장 먼저 변하는 자연 현상이 무엇인지, 어떤 꽃이 언제 피는지, 나무는 계절의 변화에 따라 어떤 모습으로 바뀌는지 유심히 관찰하고 몸으로 익히다 보면 때가 되었을 때 무의식적으로 몸이 반응한다. 그때가 바로 철이 든 상태다. 철부지不知라는 말이 시사하듯 무엇이 옳고 그른지 판단하지 못하고 자기 마음대로 행동하는 사람을 일컬어 철부지라고 한다. '철부지'는 상식과 개념이 부족해서 세상 물정을 모르는 지식이다. 세상의 미묘한 변화라도 오랫동안 관찰하면 철따라 변하는 작은 움직임이 포착된다. '철부지'는 알량한 지식으로 세상을 재단하고 평가하려는 무모한 노력에서 비롯된다. 허벅지 근육이 부실해지면 주기적으로 반복되는 현상에서 색다른 깨달음을 얻어내는 인내심이 부족해진다. 허벅지 근육이 가늘어지면서 일정한 시간을 참고 기다리는 인내심도 현격하게 줄어든다. 자신이 나서야 할 때를 망각하고 아무 때나 나서서 자기주장을 펼치는 순간 '철부지'로 각인된다.

부실한 허벅지가 만들어내는 네 번째 지식은 '어거지知'다. 우리 속담에 "콩을 보고 팥이라고 우긴다."라는 말이 있다. 사실과 다른 주장을 막무가내로 내세운다는 뜻으로, 억지스럽게 고집을 부리는 것을 비유적으로 이르는 말이다. 이렇게 말이 되지도 않는 것을 맞는다고 우기거나 잘 안 될 일을 무리하게 기어이 해내려고 고

집을 피울 때 어거지(억지)란 말을 자주 쓴다. 남들이 보기에는 무리수라고 생각되지만 본인은 전혀 그렇게 생각하지 않는다. 오로지 자신의 목적 달성을 위해 수단과 방법을 가리지 않는다. 남의 입장에는 아랑곳하지 않고 오로지 자기주장만 관철시키려는 자세와 태도에서 나오는 지식이 바로 '어거지'다. '어거지'가 나오는 이유는 상대방의 입장을 안중에도 두지 않고 자기 이익을 앞세워 뜻을 관철시키려고 하기 때문이다. 주어진 상황에서 어떤 판단과 행동이 모두에게 도움이 되는지를 생각하지 않고 무조건 자기 입장만 고수할 때 탄생하는 지식이다. '어거지'가 쌓일수록 대화가 되지 않고 불통이 심화하며 불신의 싹이 자라기 시작한다. '어거지'는 자신의 주장을 관철시킬 수 있는 신념이 부족할 때 자신도 모르게 싹트는 억지 주장이다. 신념은 체력이 뒷받침되면 생기지만 체력이 실종되면 바로 체념으로 둔갑한다. 허벅지 근육은 나의 주장을 밀고 나가는 신념이 싹트는 원천지다. 신념이 없어지면 관념이 고개를 들고 '어거지'를 근거 없이 펼치기 시작한다.

허벅지 근육이 부실할 때 탄생하는 다섯 번째 지식은 '노다지知'다. 노다지는 본래 캐내려 하는 광물이 많이 묻혀 있는 광맥을 뜻한다. 땅속의 노다지 광맥도 숱한 시추와 탐사 끝에 발견되는 고행의 산물이다. 본래의 의미와 다르게 쓰이고 있는 노다지는 손쉽게 많은 이익을 얻을 수 있는 일감을 비유적으로 이르는 말이 되었다. 힘든 노력을 통해서 얻는 성취감보다 한두 번의 노력으로 일확천금을 꿈꾸는 헛된 망상을 지칭하기도 한다. 한두 번의 노력으로 기대 이상의 대박을 꿈꾸는 사람이 노다지를 기대하는 사람이다. 우여곡절과 파란만장, 시행착오와 절치부심을 경험하며 오랜 시련과 역경 끝에 마침내 맞이하는 성취감보다 적은 노력으로 보다 많은 성과를 더 빨리 이루려는 헛된 망상이 낳은 부정적 부산물이다. 이렇듯 '노다지'는 힘든 노고와 정성을 들이지 않고 한 방에 한탕을 노리는 부질없는 지식이다. '노다지'가 만들어지는 이유는 주어진 기간에 가시적인 성과를 내놓지 못하면 신변의 위협을 느껴야 하는 제도적 장치 때문이다. 모든 지식은 문제의식과 열정, 철학과 신념으로 숙성시킨 고뇌의 산물이라는 점을 세상이 기다리고 인정해주지 않기 때문에 한 방에 한탕을 노리는 속물주의적 근성이 만들어낸 지식이다. 일정 기간 노력을 쏟아 만들어야 하지만 힘이 약해지고 사는 것 자체가 귀찮아질 때 고개를 들고 나타나는 허무맹랑한 지식이 바로 '노다지'다. 허벅지가 부실해지면 일장춘몽을 꾸면서 한꺼번에 뭔가를 달성하고 경지에 이르려고 한다. 무리한 요구이자 꿈이다. 그러한 꿈에서 깨지 않고 요행을 바라기 시작하면 헛된 망상이나 몽상에서 벗어나기 어렵다. 설상가상으로 몸이 부실해지고 체력이 약화될수록 망상과 몽상은 더욱 활기를 띠기 시작한다.

부실한 허벅지가 만들어내는 여섯 번째 지식은 '답안지知'다. 힘이 떨어지기 시작하면 빨리 답안지에 정답을 찾아 쓰려고 한다. 답안지에는 주어진 문제에 대한 하나의 정답만 존재한다. 다른 가능성을 제시하거나 대안적인 관점을 제시하는 답안지는 이미 답안지가 아니다. 답안지에는 문제를 낸 사람의 의도를 벗어나는 답이 들어 있지 않다. 출제자의 의도를 정확하게 꿰뚫고 이에 상응한 정답을 써 넣을 때 비로소 빛난다. 다른 답은 틀린 답이다. 내가 원하는 답만이 정답이고 다른 생각으로 뻗어나갈 수 있는 일리가 있는 답은 무리한 답으로 판정된다. 다양성을 인정하지 않고 하나의 정답만을 요구할 때 지식은 편협한 의견으로 전락한다. 다른 생각으로 유도하지 않는 답, 하나의 길만이 존재하는 정답을 추구할수록 문제의식은 실종되고 생각은 닫히기 시작한다. 남이 제기하는 문제에 다른 답을 찾아 나설수록 정답을 찾는 인생은 무의미해진다. '답안지'가 갖고 있는 치명적인 문제점은 정답은 하나밖에 없다고 생각하는 독단적 발상이다. 우리는 답안지를 잘 쓰는 능력이 곧 출세의 지름길로 가기 위한 선결 지식이라고 생각해왔다. '답안지'는 고뇌에 찬 결단으로 물든 질문이나 호기심의 물음표 없이, 주어진 문제에 대해 고속으로 정답을 찾아가면서 요점만 뽑아 간추린 지식이다. 성공으로 가는 지름길, 성과 달성의 급소, 방대한 지식을 요점 중심으로 정리한 요약본이 판치는 세계에 어울리는 지식이다. 그러나 정답이 아닌, 현답을 찾아 나서기 위해서는 몸이 따라 줘야 한다. 뇌력은 체력에서 나온다. 집요하게 물고 늘어지는 끈질긴 탐구심이 다양한 가능성의 문을 열어놓고 현답을 찾아가게 만드는 원동력이다. 부실한 허벅지는 탐구심마저 약화시킨다. 그냥 주어진 문제가 요구하는 하나의 정답을 빨리 찾아놓고 쉬고 싶은 욕망이 지배할 때 '답안지'는 모험을 거부하고 어떤 모범생을 양산하는 온상이 될 수 있다. 세상은 '답안지'대로 풀리지 않는다. '답안지'대로 풀리지 않을 때 생각해보게 만드는 지식의 원천이 어디일지 깊이 생각해보자.

허벅지가 부실해서 생기는 지식 '싸가지', '꼬라지', '철부지', '어거지', '노다지', '답안지'는 일관된 이미지知와 메시지知를 전해준다. 다각적인 교육적 노력으로도 쉽게 정화되지 않는 '싸가지'와 '꼬라지'는 차마 눈뜨고 볼 수 없는 상식 이하의 발언과 행동을 일삼게 만드는 몰지각한 지식이다. 그러다 보니 당연이 세상 물정을 모르고 대책 없이 천방지축을 떨며('철부지') 자기 생각만 일방적으로 밀어붙이는 '어거지'를 쓰고 한 방에 일확천금을 올릴 수 있는 일장춘몽('노다지')을 꾼다. 이런 사람에게 답은 딱 하나밖에 존재하지 않으며 그와 다르게 생각하기는 불가능에 가깝다('답안지'). 허벅지가 얇아지면서 내 몸 하나 간수하기 힘들어진다. 얇아진 '허벅지'는 끈질기게 물고 늘어지면서 집요하게 탐구하는 의욕을 상실하게 만든다. 당연히 나만의 철학과 신념을 담아내는 지식을 찾기보다 편안하게 앉아서 잔머리를 굴리며 세상의 지식을 편집하기 시작한다. 타자의 아픔에 귀를 기울일 여유가 없어지고 밑바닥의 아픔을 감지하기 어려워진다. 부실한 '허벅지'가 '싸가지'와 '꼬라지'를 만들고 세상 물정 모르는 '철부지'를 양산하는 이유다. 몸을 움직여 체험적으로 녹여내는 지식보다 기존 생각을 고수하며 '어거지'를 부리거나 힘 안 들이고 쉽게 '노다지'를 캐려는 욕심에 부채질한다. 그러다 보니 호기심의 물음표를 버리고 빨리 정답을 찾아 탐구 여정에 마침표를 찍는 '답안지'를 내려고 한다.

06

고생 끝에 달콤한 미래는
오지 않는다

세상에는 그 누구도 대신해줄 수 없는 두 가지가 있다. 하나는 지문이고 다른 하나는 두 발로 걸어 다니면서 남긴 족적이다. 그런데 운동을 하면서 생긴 손바닥과 발바닥의 굳은살 역시 어떤 기술로도 대체할 수 없는 느림의 미학이 탄생시킨 산물이다. 세월이 흘러도 오랫동안 기억에 남는 과거의 추억은 모두 몸이 반응해서 생긴 감정적 흔적의 깊이와 넓이에 좌우된다. 호숫가에 작은 돌멩이를 던지면 파장이 작게 일어나지만 큰 돌멩이를 던지면 그만큼 물결에 이는 파장이 커진다. 마찬가지로 내 몸에 각인된 감정적 파장이 큰 경험은 오랜 시간이 지나도 여전히 몸이 그 순간을 기억한다. 하지만 지난날을 돌이켜봐도 별로 기억나는 게 없다면 그만큼 내 몸이 감정적 흥분을 느끼지 못하고 밋밋한 경험을 했다는 반증이다. 나아가 삶이 각별해지는 순간은 스쳐 지나가는 매 순간을 내가 각별하다고 생각하며 의미를 부여할 때다. 어떤 사람에게는 매 순간이 각별한 순간이지만 어떤 사람에게는 각별한 순간도 그냥 스쳐 지나가는 그저 한순간의 연속일 뿐이다.

추상적인 행복보다 지금 여기서 느끼는 구체적인 일상, 그 일상의 사소한 즐거움이 나에게는 더없이 소중한 행복이다. 오래전 크로아티아를 여행하면서 보고 느낀 강렬한 풍광과, 온몸을 관통하듯 스쳐 지나가던 바람과 햇볕을 내 몸은 아직도 기억하고 있다. 지중해의 쪽빛 컬러와, 파도와 함께 다가오던 바람, 그리고 하늘과 바다가 만나는 저 수평선의 끝에서 벌어지던 격렬한 포옹을 내 몸으로 느끼던 순간은 내 몸이 기억하는 더없이 행복한 순간이다. 내 눈썹을 휘날리게 하고 귓전을 스쳐 지나가며 몸과 마음을 환기시키던 아드리아해의 바닷바람은 내 신체가 지금 여기 있기에 감각적으로 느낄 수 있었던 선물이다. 톨스토이가 던진 세 가지 질문을 보자. '이 세상에서 가장 중요한 때는 언제인가?' 바로 지금이다. '이 세상에서 가장 중요한 사람은 누구인가?' 지금 내 앞에 있는 바로 그 사람이다. '이 세상에서 가장 중요한 일은 무엇인가?' 지금 내가 하고 있는 바로 그 일이다. 특히 지금 내 곁에 있는 그 사람을 위해 베푸는 사랑의 수고다. 흘러가는 한순간, 지금 내가 보내는 이 순간은 영원히 잡을 수 없는 순간이다. 지금 내 앞에서 아른거리는 이 순간이 나에게 각별해지고 특별한 추억으로 재생될 수 있도록 나는 매 순간 각별한 의미를 부여하고 사연을 만들어야 한다.

행복은 온몸을 파고드는 육감적인 반응이다

톨스토이가 던진 질문과 대답처럼 가장 중요한 때는 지금 이 순간 지중해를 바라보며 마시는 맥주 한 모금이 입안을 감싸면서 적당한 취기를 느끼게 만드는 순간이다. 가장 중요한 사람은 지금 나와 함께 일몰 직전의 지중해를 바라보며 인생의 아름다운 추억을 만들어가는 사람이다. 가장 중요한 일은 함께 여행을 떠난 사람과 잊을 수 없는 추억거리를 만들고 더불어 행복한 순간을 만끽하는 일이다. 지금 당장 행복하다고 느끼지 않으면 언제 다시 이 느낌을 향유할 수 있다는 말인가. 그래서 행복은 언제나 지금 여기서 일어나는 현재진행형이다. 과거에 행복했다는 말은 지금도 행복하다는 말이 아니며, 앞으로 행복할 것이라는 말 역시 지금 행복을 만들어낼 수 있는 게 아니다. 그 행복은 두 발로 가보고 싶은 곳을 가보며 두 손으로 만져보고 두 눈으로 확인하고 귀로 들으며 온몸으로 느끼는 이 순간이 가장 행복한 순간이다. 지금 행복하다고 느끼지 않으면 미래의 언젠가도 여전히 행복하지 않을 수 있다. 추상도 일상에서 비롯되지만, 추상화된 명사가 다시 일상으로 내려와 보통 사람들의 신념이나 가치관에 버무려지고 그들의 삶과 뒤섞이지 않는다면, 일상에서 잉태된 추상일지라도 일상과 가까이 할 수 없는, 일상에서 점점 멀어지는, 그래서 현실에서 붕 떠 있는 관념의 파편으로 정처 없이 떠돌아다닐 수밖에 없다.

척박한 땅에서 온갖 시련을 이겨낸, 단 몇 송이밖에 열리지 않는 포도를 따서 숙성시킨 크로아티아산 명품 와인 딘가츠DINGAC, 뽀스트업POSTUP, 뽀쉽POSIP은 그 맛이 특별하게 다가온다. 사람이나 식물이나 자라는 환경이 혹독할수록 많은 성장통을 경험하며 자란다. 특히 와인은 혹독한 환경에서 자란 포도를 숙성시킨 것일수록 그 향이 짙고 그윽하며 형언할 수 없는 잔향이 남는다. 그 와인이 지금 지중해 해변의 어느 카페에서 내 입안으로 들어와 혀끝을 자극할 때, 입안에 감기는 와인의 맛과 풍미는 형언할 수 없는 행복감을 던져준다. 2007년 대형 교통사고를 당한 뒤 힘겹게 이겨내고 몸이 거의 정상의 컨디션을 회복했을 때 혀끝이 느낀 와인 맛은 차라리 전율하는 순간적 오르가슴이었다. 입안에서 충분히 혀를 애무한 와인 한 모금은 목구멍을 타고 내려가면서 위장에 닿고, 다시 온몸을 타고 흐르면서 몸의 구석구석을 파고들었다. 와인 맛을 머리로 생각하는 게 아니라 온몸으로 전율하며 받아들인 것이다. 이러한 와인의 행복감은 몸이라는 신체성이 없다면 느낄 수 없다. 행복은 정신으로 판단하는 이성적 사유의 산물이라기보다 내 신체가 감각적으로 반응하면서 온몸을 파고드는 육감적 반응이다. 지금 내 신체가 와인이 던지는 풍미와 깊은 맛의 향연을 즐길 수 없다면 행복도 욕망도 없다. 신체 없는 욕망도, 욕망 없는 행복도 없다. 몸으로 느낄 수 없는, 느끼지 않는 행복은 관념의 부산물이며, 현실로 다가올 수 없는 환상일 뿐이다.

고생 끝에 달콤한 미래는 오지 않는다

인간적 성숙의 조건은 동일한 것, 익숙한 것을 보고도 이전과 다르게 그리며 낯설게 보고 느낄 수 있는 능력이다. 마르크스 역시 역사적 발전 과정을 통해서 인간이 해온 것은 결국 감성의 생산, 이전과 다른 오감의 형성이라고 단언한 바 있다. 여행은 익숙한 세계를 떠나 낯선 세계와의 신체적 접촉을 통해 오감을 자극하는 과정이다. 여행은 또한 익숙한 세계에서 늘 봤던 익숙한 것을 이전과 다르게 보며 다르게 생각하고 느끼는 과정이기도 하다. 여행이 특별하고 각별하게 다가오는 이유는 사소한 것이 더 이상 사소해 보이지 않으며 익숙한 것이 더 이상 익숙한 것으로 보이지 않기 때문이다. "사소한 것들은 상상을 초월할 정도로 중요하다." 니체의 말이다. 니체에 따르면 우리는 중요한 것과 중요하지 않은 것을 잘못 인식해왔다. 니체는 값비싸고 위대한 것만이 중요한 것이고 늘 만나는 익숙한 것, 무관심하고 간과했던 사소한 것은 별로 중요하지 않다고 생각하는 것은 난센스라고 말한다. 그래서 여행은 나에게 상상을 초월할 정도로 소중한 체험적 사유의 과정이다. 사소한 것들이 나에게 얼마나 소중하게 다가오는지를 온몸으로 느낄 수 있기 때문이다. 사소한 것을 더 이상 사소한 것으로 보지 않고 거기서 이전과 다르게 사유할 수 있는 힘이 생기는 과정이 곧 배움의 과정이라고 생각한다.

내가 하루 여행을 통해 무엇을 먹고 어디를 거닐었으며, 거기서 나의 신체가 어떤 반응을 보이고 감각적으로 느꼈는지, 그리고 어디서 잠을 잤으며 아침에 일어나 무엇을 느꼈는지, 이런 사소한 하루 일과의 연속에서 내 오감을 열어놓고 신체가 반응하는 과정을 관조적으로 살펴보면 니체가 얘기하는 중요한 것과 중요하지 않은 것의 구체적인 차이를 실감할 수 있다. 흔히 중요한 것은 남의 가치 판단 기준에 의해서 결정된 것이다. 그래서 나도 어쩔 수 없이 남에게 중요한 기준대로 살아가다 보면 내 삶과 나의 이야기는 실종되고 만다. 그리고 남의 이야기에 언제나 귀를 기울이고 남의 이야기를 하면서 하루를 소비하는 삶을 살게 된다. 그러나 나에게 정말 소중한 것은 신체가 존재하는 동안 신체와 더불어 일어나는 내 삶의 일상이다. 신체가 갈망하고 욕망하는 일상적 삶에서 신체와 더불어 부딪히는 모든 체험적 일상이 내 삶의 일상이고 내 행복의 원천이다. 그런데 대부분의 사람들은 신체가 건강하고 사지가 멀쩡할 때 미래의 언젠가 향유할 행복을 담보로 하는 가정법 인생을 산다. 그렇게 고생 끝에 달콤한 미래가 온다는 고진감래를 믿고 전력투구하지만, 마지막에 내 신체에 남는 것은 사실상 신경통과 관절염, 연골 파괴와 디스크 등 갖가지 병뿐이다. 고진감래苦盡甘來는 고진통래苦盡痛來로 바뀌어야 한다. 고생 끝에 오는 것은 달콤한 미래가 아니라 통증일 수 있다.

여행은 관망이 아니라 관능이다

나이 들어서 필요한 것이 참으로 많다. 돈도 필요하고 시간도 필요하다. 그러나 나이 들어서 더욱 소중한 건 건강이다. 건강이라는 추상 명사가 그렇게 와 닿지 않을 수도 있다. 단도직입적으로 이야기하면 나이 들어서 가장 필요한 건 연골이다. 연골은 평소에 근력운동으로 보완해놓지 않으면 사람이 누려야 할 행복의 강도와 밀도를 한없이 떨어뜨리는 주범이 된다. 보고 싶고 먹고 싶은 걸 내 두 다리로 걸어가서 직접 피부로 느끼고 감각적으로 받아들이기 위해서는 무엇보다도 연골이 필요하다. 연골 없는 신체는 이미 신체가 아니며 신체 없는 욕망과 행복은 곧 헛된 망상이자 몸으로 느낄 수 없는 관념적 허구다. 신체를 경멸하고 영혼을 돌보는 일이 철학의 핵심 임무라고 생각했던 플라톤 철학의 전통 때문에, 신체의 욕망과 감정을 통제하는 이성 우위의 철학을 시종일관 강조해온 서구 철학은 절름발이 철학이 되었다. 그러나 니체는 망치의 철학자답게 신체를 커다란 이성으로 그리고 우리가 생각하는 이성을 작은 이성으로 전복시켜 신체의 욕망을 이성 우위에 두는 디오니소스적 철학을 펼쳤다. 신체 없는 영혼이 무슨 의미가 있을까. 신체가 건강하지 못한 삶은 지금 여기서 행복하지 않은 삶이며, 신체적 감각으로 세상의 경이로움을 받아들이지 못해 지금 여기서 행복하지 않은 사람은 미래의 언젠가가 되어도 행복하지 않을 수 있다. 세상의 모든 사상은 내 두 발로 건져 올린 체험적 소산이자 치열한 몸부림의 산물이다. 세상의 옳은 말에 더 이상 심취해 있지 말고 세상의 바깥, 지금 여기를 벗어나 미지의 세계로 내 몸을 던져 경계 밖으로 뛰쳐나가 온몸으로 사유해보자. 거기서 건져 올린 한마디가 내 삶을 송두리째 뒤흔든다. 여행은 그런 면에서 너무나 경이로운 신천지의 체험을 내 신체로 온전히 겪어보는 감동의 연속이다.

박지원의 《열하일기》를 비롯해 괴테와 알랭 드 보통의 여행에 관한 책을 아무리 읽은들 무슨 소용이랴. 내 두 발로 걸어가서 내 두 눈으로 확인하고 내 신체로 직접 느끼지 못한다면 아무리 유명한들 책이나 영화는 그저 책이나 영화일 뿐이다. 여행책에 나오는 더없이 좋은 명언도 내 몸으로 직접 체험하며 내 신체에 각인하거나 육화하지 않는다면 부표처럼 떠다니는 관념의 파편이나 허구적 담론에 불과하다. 세상의 여러 좋은 말보다 내 육신의 고통스러운 체험으로 뼈 속에 각인된 한마디가 내 인생의 시금석이 되고 디딤돌이 된다. 걸림돌에 넘어져 내 몸에 새겨진 상처 속에서 내 삶에 도움이 되는 한마디가 나온다. 비록 그 한마디가 어설프고 설익었을지라도 세상의 명사들이 벌이는 말씀과 명언의 향연보다 훨씬 내 삶에 피가 되고 살이 된다. 내 몸에 상처를 준 체험적 깨달음이 걸러낸 한마디가 더 절실하게 다가오고 감동적인 느낌으로 온몸을 파고든다. 베스트셀러를 수없이 읽어도 내 인생이 조금도 바뀌지 않는 이유는 읽고 위로받으며 감성적으로 만족하고 감동받을 뿐, 손발이 움직여 직접 실천해보고 내 삶의 일부로 받아들이지 않기 때문이다. 책을 읽고 감동받고 위로받지만 그럴수록 내 신체는 더욱 무기력해지고 내 마음은 더욱 무료해지는 이유는 무엇일까. 관능적인 사람이 예술적 재능도 뛰어나고 세상을 관통하는 마력도 지니고 있다. 여행은 관망이 아니라 관능이다. 내 몸을 움직여 한 번도 만난 적이 없는 낯선 곳에서 내 몸이 감각적으로 느끼는 것만큼 내 몸에 각인된다. 관능적인 감각은 관념적으로 느낄 수 없다. 오로지 신체성이 전제될 때 몸이 느끼는 재능이 바로 관능이다.

다리가 떨리기 전에 행복으로 가는 다리를 건너자

"'몸'이 스승이고 '마음'이 제자다. 몸을 보고 마음이 배운다. 그러나 마음이 어느 때고 몸을 들여다보는 것은 아니다. 못된 제자는 제 삶이 안달이 날 때에만 스승에게 손을 내민다." 신형철의 《느낌의 공동체》에 나오는 말이다.[6] 스승인 몸의 말을 제자인 마음이 잘 듣지 않는다. 스승이 하라는 대로 하지 않는다. 오히려 제자인 마음이 나타나 스승인 몸을 통제하는 방식을 배워가는 사람도 많은 실정이다. 몸이 진짜 스승이라는 사실은 몸이 한계나 위기 상황에 처할 때 확연히 드러난다. 더 이상 내 몸이 어찌할 수 없을 때 마음이 아무리 명령을 해서 몸을 통제하려고 해도 몸은 말을 듣지 않는다. 마음도 몸이 건강할 때 살아 있다. 몸이 망가지면 마음도 자신이 거주할 집을 잃어버리는 것이나 마찬가지다. "머리를 쓰지 않으면 몸이 고생한다고요? 사실은 그 반대입니다. 몸을 쓰지 않으면 머리가 고생하는 거지요." 존 레이티 하버드 의대 교수의 말이다. 머리에 열이 나는 이유는 몸을 움직이지 않기 때문이다. 몸이 바빠지면 정신은 할 일이 없어진다. 몸이 편안해지면 반대로 머리는 복잡한 생각에 휩싸인다. 몸을 움직이지 않으면 머리가 빠르게 돌아간다. 걱정에 걱정을 하고 꼬리에 꼬리를 무는 생각을 반복한다. 머리를 한가롭게 만들기 위해서는 몸을 움직여 땀을 흘려야 한다. 몸에 땀이 나기 시작하면 상쾌해지고 마음은 유쾌해지고 머리는 명쾌해진다. 상쾌해진 몸이 유쾌한 마음과 명쾌한 머리를 부르고 통쾌한 영혼을 낳는다. 상쾌한 몸이라야 누군가의 어려운 부탁도 흔쾌히 받아들일 수 있다.

"몸에 기쁨이 찾아오는 경우에 우리는 정신에서도 반드시 기쁨을 느끼지만, 반대로 정신의 기쁨이 필연적으로 몸의 기쁨을 초래

하지는 않는다. (…) 우리의 몸은 항상 옳지만, 정신은 그릇될 수 있다." 강신주의 《감정수업》에 나오는 말이다.[7] 몸이 기뻐야 정신도 기쁨을 누린다. 기쁜 몸은 세상의 흐름을 오감으로 받아들일 줄 아는 감각적인 몸이며 동물적 촉수로 세상의 아름다움을 온몸으로 느끼는 관능적인 몸이다. 몸을 기쁘게 만들어주려면 몸이 원하는 소리를 귀담아 들어줘야 한다. 몸이 지금 나에게 속삭이는 소리가 무엇인지를 들어주지 않으면 머리가 몸을 지배하기 시작하면서 몸이 견디기 어려운 인내심을 요구한다. 움직이고 싶은 몸의 본능을 머리가 통제하고 마음이 지배하기 시작하면 몸의 관능적 감각은 관성에 사로잡혀 타성에 빠지기 시작한다. 육체는 가만히 앉아 있고 정신만 치열한 싸움을 거듭한다. 몸은 부실해지고 머리는 열이 난다. "정신의 싸움은 육체를 쑥밭으로 만들지만, 육체의 싸움은 정신을 투명하게 만든다." 이성복의 《네 고통은 나뭇잎 하나 푸르게 하지 못한다》에 나오는 말이다.[8] 육체의 싸움을 통해 정신을 맑게 하는 전략만이 몸도 마음도 건강하게 만드는 비결이다. 육체가 싸우면서 느끼는 감각적 깨달음이라야 느낌이 동반되는 체험적 지혜로 각인된다. 몸이 기뻐하는 감각적 체험을 멀리하고 정신으로 고민을 거듭할수록 심장은 답답해지고 다리는 떨리기 시작한다. 몸이 기뻐하는 일을 하면 다리가 떨리지 않고 심장이 떨린

다. 심장의 떨림은 몸이 끌리는 일을 할 때 나타나는 설렘이다. 감
각과 사유의 중심이 머리에서 몸으로 옮겨져야 비로소 느낄 수 있
는 설렘이 심장의 떨림이다.

07

부자는 침을 흘리는 대신
땀을 흘린다

부자는 시기와 질투의 산물이 아닌, 땀과 노력의 합작품이다. 부자는 부자를 보고 침을 흘리지 않는다. 부자는 언제나 지금 여기를 즐기면서도 자신이 품고 있는 가능성의 세계를 향해 과감하게 떠나는 모험을 즐긴다. 부자는 앉아서 절치부심하는 시간도 보내지만 주로 행동하면서 통찰을 얻는다. 그만큼 일상에서 땀도 많이 흘린다. 그들에게 일터는 노동의 현장이기도 하지만 운동의 터전이기도 하다. 움직이는 몸이 흘리는 땀은 근육이 감동해서 흘리는 눈물이다.

몸은 수직이고 마음은 수평이다. 몸은 수직으로 서 있어야 건강하고 마음은 수평으로 누워 있어야 편안하다. 몸이 누워 있을 때는 움직이지 않고 쉬는 자세고, 마음이 서 있을 때는 편안하지 않아서 곤두서 있을 때다. 몸은 상하로 세워야 건강하고 마음은 좌우로 균형을 잡아야 건강하다. 몸을 바르게 세워 건강한 몸을 만들고 바르게 세운 몸과 연결된 마음이 수평으로 균형을 잡을 때 몸은 자연스럽게 마음과 연결되어 같은 길을 걸어간다. 몸이 가고자 하는 길과 마음이 끌리는 곳이 다르면 몸과 마음은 전쟁을 시작한다. 몸이 움직여 뭔가를 성취해도 마음은 다른 곳에서 다른 꿈을 꾼다. 동상이몽同床異夢이 아니라 체감이몽體感異夢이다. 과학적으로 측정한 온도와 몸으로 느끼는 체감 온도가 다르듯 몸이 추구하려는 욕망慾望이 충족되지 않으면 감정은 거르지 않고 욕설辱說을 쏟아낸다. 욕慾이 충족되지 않으면 욕辱이 나온다. 욕辱의 원인이 욕慾인 셈이다. 몸으로 하는 행동은 주로 손발이 움직여 실천으로 연결한다. 손발이 움직여 실천하면 가슴으로 느낌이 온다. 원하는 대로 손발이 조화를 이루어 행동하고 있을 때, 즉 욕망의 수레바퀴가 원하는 방향으로 잘 굴러갈 때, 가슴에서 느낀 바가 머리로 올라가 체험적 깨달음을 분석하고 정리하는 움직임이 바쁘게 전개된다. 즉 손발이 움직여 실천하는 동안 가슴으로 전달되는 느낌의 강도는 강렬해지고 둘 사이의 거리가 좁혀지며 가슴에서 느낀 감정이나 감각이 머리로 올라가 정리되는 시간과 거리가 짧아진다. 한마디로 손발, 가슴, 머리의 거리가 점점 짧아지고 자주 삼자가 모여 긴밀한 대화를 나눌

수록 우리 몸은 건강해지고 감정은 맑아지며 머리는 명쾌해진다. 손발과 가슴과 머리 사이의 거리를 좁혀 이들 사이를 좋게 만드는 선순환의 수레바퀴를 돌리기 위해서는 어떤 노력이 필요할까? 우선 몸을 움직여 땀을 흘리는 일이 급선무다.

성공하는 사람은 몸을 움직여 땀을 흘린다

한의학에서는 피가 제대로 흐르지 않고 기가 통하지 않으면 불통되어 통증이 발생한다고 한다. 통증 해소를 위한 최고의 처방은 침鍼이다. 혈류가 막힌 곳에 침을 놓아 피가 잘 통하도록 하는 것이다. 정문일침頂門一鍼이라는 사자성어가 있다. 정수리에 침 하나를 꽂는다는 뜻으로, 상대방의 급소를 찌르는 따끔한 충고나 교훈을 이르는 말이다. 한의학에서 사용하는 아픈 곳을 치유하기 위한 침이나 정신 못 차리는 사람을 위해 따끔한 충고를 주는 침이나 모두 순간적으로 아프지만 그 아픔을 참고 견뎌내면 침통한 표정이 밝아지고 정신도 맑아진다. 그런데 또 다른 침이 있다. 맛있는 음식을 보고 흘리거나 성공한 사람을 보고 시샘하거나 질투하면서 자기도 모르게 흘리는 침이다. 이 침은 입에서 나오는 타액을 말한다. 그런데 성공하는 사람은 침을 흘리지 않고 땀을 흘린다. 성공하는 사람은 타인이 성공하기까지 노력한 과정을 보고 교훈을 배우는 데 시간을 투자한다. 하지만 그렇지 못한 사람은 그 사람의 결과만 보고 침만 흘린다. 땀을 얼마나 흘렸는지에 따라 성공한 사람의 성취감도 다르다. "오늘의 당신은 당신이 그동안 흘린 땀의 양에 비례한다." 흑인 발레리나 미스티 코플랜드의 말이다. 땀은 거짓말을 하지 않는다. 땀은 몸을 움직인 만큼 흐르는 정직한 노력의 증표다.

땀은 몸을 움직여 노동한 수고의 대가로 나오는 노력의 증표지만, 침은 별다른 힘을 들이지 않아도 저절로 나오는 시샘과 질투의 증표다. 땀은 몸을 아끼지 않고 도전하는 사람들이 만나는 보람과 성취의 직접적 결과지만, 침은 몸은 움직이지 않고 잔꾀를 부리면서 머리로 생각만 하는 사람들이 흘리는 부수적 결과물이다. 땀은 온몸을 던져 노력한 이후 일정 시간이 흘러야 나오지만, 침은 생각만 해도 순식간에 나온다. 땀은 밖으로 흘려야 몸의 순환을 도와주고, 침은 안으로 흘려야 몸의 순환을 도와준다. 땀이 안에서 고이면 찌든 때가 되고, 침이 밖을 향하면 추한 몰골이 된다. 땀과 침이 각각 제 기능을 발휘하면 아름답지만 그러지 못하면 건강에 해롭다. 정철의 《내 머리 사용법》을 보면 땀과 침의 차이가 나온다.[9] 땀에는 소금기가 있어서 썩지 않는다. 땀을 흘리는 사람은 썩지 않는다. 성공한 사람을 보고 시샘하고 질투하며 시기하는 사람은 침을 흘린다. 침에는 소금기가 없어서 썩는다. 땀 흘리는 사람은 썩지 않고 오래가지만, 침 흘리는 사람은 한평생을 시기와 질투로 살아간다. 남을 대신해서 땀을 흘리면 아름답지만, 남을 대신해서 침을 흘리면 추하다. 세상은 각자의 자리에서 자기 본분을 지키고 최선의 노력으로 경주하면서 땀 흘리는 사람들의 수고와 정성이 만들어간다.

열정의 부산물로 땀이 흐르고 열광의 부산물로 침이 나온다

《지식생태학자 유영만 교수의 생각사전》을 보면 땀과 침의 차이에 근거해서 열정과 열광의 차이를 설명한다.[10] 김연아가 얼음판을 박차고 날아올라 상승 기류처럼 허공을 가르며 회전하는 모습은 말 그대로 한 폭의 그림이다. 탁월한 경지에 오른 베스트 플레이어들이 불꽃처럼 피워 올리는 최고의 순간은 이루 형언할 수 없이 아름답고 황홀하다. 그리고 마침내 그들이 메달을 목에 거는 순간, 우리는 열광의 도가니에 빠지고 감동과 환희의 순간을 교감한다. 그러나 우리가 관람하는 가장 화려하고 극적인 드라마는 빙

산의 일각에 불과하다. 우리는 그들이 연출하는 몇 초, 혹은 몇 분간의 무대가 수없이 넘어지고 다시 일어서기를 반복한 좌절과 열정과 도약의 시간을 지나온 결과물이라는 것을 잊고 있다. 세상에는 두 부류의 사람이 있다. 무대의 주연이 되어 열정을 다하는 사람과 관람석에 앉아 그 열정에 열광하는 사람이다. 열정이라는 에너지를 불태우는 사람은 확고한 목적의식과 가슴 뛰는 열망을 가지고 있다. 하지만 대부분의 사람들은 열광만 할뿐 자신의 열망을 위해 열정을 연소시키지 않는다. 처음에는 그들도 우리와 같은 지점에서 출발했다. 처음에는 그들도 우리처럼 평범한 존재였다. 그러나 그들은 세상을 지배할 만큼 비범해졌고, 우리는 여전히 평범함에 머물러 있다.

무엇이 우리를 이렇게 확연하게 가른 것인가. 위대한 성취를 이룬 사람들은 모두 경쟁자를 통해서 경쟁력을 부단히 향상시켰다. 오늘의 경쟁력은 결코 내일의 경쟁자를 이길 수 있는 경쟁 우위로 유지되지 않는다. 결국 새로운 경쟁자를 이기기 위해서는 매일매일 어제와 다른 방법으로 창조적인 도약을 거듭할 수밖에 없다. 아마추어의 경쟁은 경쟁자와의 경쟁이지만 더 높은 경지에 오를수록 자기 자신과 경쟁해야 한다. 위대한 성취를 이룬 사람들은 한결

같이 타인이 아니라 이전의 나를 극복해야만 진정한 경지에 오를 수 있다는 것을 몸으로 깨달은 사람들이다. 열광하는 청중이 있어야 경기를 펼치는 선수들은 더욱 몰입하고 열정을 불사르는 경우가 많다. 문제는 열광을 보여주면서 발광했던 청중이 다시 삶의 주인으로 돌아갔을 때 열광적인 응원을 했던 그 순간처럼 자신의 일에도 열정적으로 몰입하지는 않는다는 데에 있다. 아이돌 가수의 공연에 열광하지만 정작 사람들은 자신을 개발하기 위해서는 열정을 불사르지 않는다. 열광하지만 열정을 불사르지 않을 경우 열광했던 순간의 열기는 순식간에 식어버리고 참을 수 없는 허무감만이 남을 뿐이다. 반면에 열정을 불살라 전대미문의 새로운 위업을 달성한 사람은 참을 수 없는 성취감을 느낀다.

체인지體仁智라야 세상을 체인지change 할 수 있다

《체인지體仁智》라는 책을 쓴 적이 있다.[11] 이 책의 제목은 조어로, 영어 'change'와 발음이 똑같다는 발상에서 시작해 사람의 진정한 변화는 언제 어떻게 일어나는가에 대한 궁금증에서 비롯한 것이다.《이제 몸을 챙깁니다》의 저자 문요한 정신과 의사에 따르면 인간의 뇌를 발달하는 순서대로 크게 세 부분으로 나누면 후엽, 중엽, 전엽 순이다.[12] 이때 후엽은 감각, 중엽은 감정, 전엽은 이성 기능을 담당한다고 한다. 하지만 우리는 어렸을 때부터 너무 이성 중심의 교과목 공부에 몰두한 나머지 몸으로 체험하며 느끼는 감각 기능을 발달시키는 기회를 충분히 얻지 못했다. 후엽은 몸體, Hand을 움직여 감각으로 발달하고, 중엽은 따뜻한 가슴이 있어야 측은지심仁, Heart으로 만들어지며, 전엽은 몸과 마음으로 느끼는 과정에서 생기는 깨달음을 분석하고 판단하는 머리智, Head가 담당한다. 체인지體仁智의 순서대로 어린 시절부터 뇌 기능을 발달시켜야 나중에 성인이 되어서도 몸으로 감각하고 가슴으로 감정을 통제하고 머리로 논리적인 판단을 할 수 있다. 그래야 나 역시 어제와 다른 나로 거듭나는 것이며 부단한 변신을 통해 삶이 바뀐다.

체인지體仁智의 '체體'는 연습이자 단련이며, 체험이자 습관이다. 머리로 생각만 하는 데 그치지 않고 직접 몸을 움직여 상대방의 입장이 되어보는 행위다. 진정한 의미의 역지사지易地思之를 몸으로 실천해보고 상대의 처지에서 그 사람이 그럴 수밖에 없었던 구체적이고 특이한 이유를 내 몸으로 겪어보는 것이다. 자신의 몸을 통해 역지사지의 처지가 되어 상대방의 입장을 이해함으로써 인간의 아픔이 잠재해 있는 실존적 현실을 경험해보는 실천적 행위다.

'인仁'은 다른 사람의 아픔을 보고 같이 아파하는 측은지심이다. 공자가 말하는 '인'의 핵심은 아픈 사람의 마음을 가슴으로 느끼고 나의 아픔처럼 공감하는 심미적 능력이다. 아픔이 무엇을 의미하는지 가슴으로 느껴본 사람만이 다른 사람의 아픔을 진정으로 이해할 수 있다. 즉 살신성인이다. 자신의 몸을 죽여 '인'을 이룬다. 자기의 몸을 희생하여 옳은 도리를 행한다. 체험하지 않고 가슴으로 느낄 수 없다. 그리고 '인'은 '체'와 '지智'를 연결하는 다리다. 몸이 먼저 움직여야 가슴으로 느낌이 오고 그 느낌이 깨달음으로 정리될 때 체험적 지혜가 탄생된다.

몸으로 배운 앎이라야 행동을 바꿀 수 있다

수영을 파도가 넘실대는 바다에서 배울 수 없다면 잔잔한 호숫가에서라도 배워야 한다. 하지만 우리는 수영을 이론적으로 먼저 배우며 수영에 관한 지식과 기술을 머리로 배운다. 이 상태에서 물속으로 뛰어들면 백전백패다. 몸은 머리의 명령을 듣지 않는다. 머리가 판단하기 이전에 몸은 물의 흐름과 깊이와 주변 환경을 직감적으로 파악한다. 물살이 세거나 수심이 깊을수록 몸은 그 위험을 감지하고 책상에서 배운 수영 지식과 기술대로 수영하는 방법을 그대로 현장에서 구현할 수 없음을 안다. 수영은 수영을 실제 하는 물 속에서 직접 몸體으로 배워야 물과 몸이 만나면서 다가오는 느낌 을 감각적으로 받아들인다. 그러면서 점차 상황에 따라 내 몸을 어 떻게 움직여야 되는지를 알게 된다. 그것이 바로 체험적 지혜慧다. 수영은 머리로 배우는 게 아니라 몸으로 배우는 것이다. 자전거 타 기도 마찬가지다. 자전거는 아무리 이론 강의를 듣거나 책으로 공 부한다고 해서 잘 탈 수 없다. 자전거는 넘어져가면서 혼자 배우는 기구다. 넘어져봐야 언제 넘어지는지를 몸으로 알게 된다. 그 경험 을 바탕으로 다음에는 조심하지만 또 넘어진다. 반복해서 넘어지 는 가운데 몸은 이전과 다른 방법으로 넘어지지 않는 방법을 고투 끝에 개발해서 결국 자전거 위에 몸을 싣고 달릴 수 있게 한다.

지덕체智德體는 1900년대 사회적 담론의 중심 주제인 교육론의 핵심적인 세 가지 체계로, 사실상 체육 교육의 중요성을 역설하는 사상이었다. 그런데 어쩐지 우리의 공교육은 지성 개발에만 몰두 한 나머지, 따뜻한 미덕은 실종되고 몸은 망가져가는 모습인 듯싶 다. 몸과 마음과 머리가 이루는 조화가 원동력인 셈인데 너무 어린 시절부터 이 조화가 깨지는 책상 공부를 강요받고 있다. 지덕체가 뒤집어져 체덕지가 돼야 지혜가 탄생한다. 체덕지를 통해서 구현하고 싶은 이상적인 변화change가 바로 체인지體仁智다. 생각만 해본 사람은 당해본 사람을 못 당한다. 많이 당해본 사람만이 갖는 생각지도 못한 생각을 생각만으로는 절대 따라갈 수 없는 이유다. 생각지도 못한 생각 역시 뇌가 해내는 화학적 반응이라기보다 체험적 도전 과정에서 따뜻한 가슴으로 느끼는 감정적 반응이다. "생각은 잊지 못하는 마음이자 가슴 두근거리는 용기다."¹³ 고故 신영복 교수님의 《담론》에 나오는 말이다. 모든 변화는 몸에서 시작해서 몸으로 끝난다. 몸으로 앎을 만들어갈 때 그 앎은 곧 함이자 삶이다. 여기에는 지행일치知行─致보다 지행합일知行合─의 철학이 맞아떨어진다. 지행일치는 선지후행先知後行의 철학이다. 즉 먼저 책상에서 앎을 축적한 다음 나가서 행동하는 것이다. 하지만 앎이 곧 행동으로 연결되지 않는다. 수영하기와 자전거 타기 사례가 이를 말해준다. 착하게 살겠다고 마음을 먹고 그렇게 사는 방법에 관한 지식도 풍부한 사람이 실제로는 착하게 살지 않는다. 착하게 사는 덕이 축적되어 자신도 모르게 무의식적으로 몸이 움직여야 착하게 살 수 있다. 착하게 살겠다는 생각이나 지식이 착하게 사는 행동을 유발하지 못한다. 지행일치는 이룰 수 없는 불가능한 꿈인 경우가 많다.

08

팬데믹 시대에 필요한
면역의 힘

몸은 나를 가두는 '우리cage'이자 더불어 살아가는 '우리we'다

"만약 더 강력하고 편리하고 안전한, 그런데 더 비싼 살균 소독 물질이 있다면 전 세계 보건 기구가 나서서 반드시 그러한 물질의 가격을 낮춰야 합니다. 가난한 자가 단지 가난하기 때문에 불결할 수밖에 없다면 공중위생은 아무리 부유한 자라도 결코 도달할 수 없는 상태가 되기 때문입니다. 위와 같은 이유로 자의반 타의반 공중위생을 책임져야 하는 유한락스는 어떤 상황에서도 가격이 저렴해야 합니다." 이는 유한크로락스 홈페이지에 나오는 말로, 감동적인 기업 철학의 일면을 드러내면서 코로나19에 대응하는 한 기업의 자세를 보여주어 네티즌 사이에서 화제가 되었다. 위생은 내 몸만을 위한 건강 대책이나 조치가 아니다. 몸은 다른 사람의 몸이

나 생명체에 의존하지 않고서는 독립적인 생존이 불가능하다. 내 몸의 하루를 돌이켜 생각해보면 한순간도 내 몸은 다른 사람이나 다른 생명체의 도움 없이는 생존 자체가 불가능하다. 내 몸의 건강을 유지하기 위해 먹는 모든 음식 중 내가 스스로 재배한 것은 거의 없다. 내가 아무리 내 몸의 건강을 지키려 노력해도 어디선가 재배되는 식재료가 의식적이든 무의식적이든 오염되어 있다면 내 몸도 같이 오염된다. 나의 몸은 곧 나지만, 나의 몸은 나의 힘만으로 건강성을 확보할 수 없는 의존적인 몸이다. 내가 입고 있는 옷, 내가 먹는 음식과 음료, 타고 다니는 교통수단과 읽고 있는 책, 생각을 정리하는 글쓰기에 관여되는 문구류나 컴퓨터, 저녁에 잠을 자는 집 등 나의 힘으로 온전히 구축한 것은 하나도 없다. 내 몸은 그만큼 다른 사람의 몸으로 만든 수고와 정성으로 생명성을 유지하면서 살아가는 의존적인 존재다.

이런 점에서 내 몸은 나의 몸이기도 하지만 다른 사람의 몸에도 직간접적으로 영향을 미치는 우리의 몸이다. "몸은 우리cage다. 내 스스로가 만든 감옥이다."[14] 록산 게이의 《헝거: 몸과 허기에 관한 고백》에 나오는 말이다. 나는 내 몸을 초월해서 존재할 수 없다는 점에서 몸은 나를 가두는 '우리cage'일 수 있다. 하지만 몸은 우리에

간혀서만 살 수 없다. 우리를 벗어나 다른 우리에서 살아가는 몸과 만나야 한다. 다른 우리의 몸과 만날 때 몸은 더 이상 우리라는 감옥에 갇혀 살아가는 피동적 신체가 아니다. 그때 몸은 우리를 벗어나 공동체 '우리we'를 구축하는 우리의 몸이 된다. "몸은 이질적이고 낯선 것이라면 모조리 공격하는 전쟁 기계가 아니다. 우리가 적절한 환경에서 다른 많은 미생물과 함께 균형을 이루어 살아가는 정원이다. 몸의 정원에서, 우리가 제 속을 들여다볼 때 발견하는 것은 자기가 아니라 타자다."[15] 율라 비스의《면역에 관하여》에 나오는 말이다. 몸은 타자의 몸과 만나서 조화를 이룰 때 비로소 정원의 건강한 몸이 되며, 그런 몸이라야 건강한 정원을 가꿀 수 있다. 정원의 파괴는 몸의 파괴를 동반한다. 정원은 수많은 생명체가 서로가 서로에게 도움을 주고받으며 상호의존적으로 살아가는 공동체의 터전이다. 내 몸을 지키고 돌보는 일은 개인적인 의무를 넘어 공동체의 생존과 생명성을 보장하는 우리 모두의 책임이자 의무다. 더불어 살아가는 우리가 되기 위해서는 자기 우리에만 신경쓰는 이기적 행동을 버려야 한다. 내 몸을 가두는 우리가 또 다른 우리와 만나 더불어 살아가는 우리가 되지 못하면 우리의 몸은 감옥에 갇힌 채 건강을 잃게 된다.

면역은 함께 만들어가는 정원이다

율라 비스는 "우리가 사회적 몸을 무엇으로 여기기로 선택하든, 우리는 늘 서로의 환경이다. 면역은 공유된 공간이다. 우리가 함께 가꾸는 정원이다!"라고 말한다.[16] "서로의 환경"은 한쪽이 오염되거나 파괴되면 서로가 공멸한다. 사람의 몸은 다른 사람의 몸과 서로의 환경을 가꾸어가는 상호의존적 관계로 엮여 있다. 면역은 나만의 공간에서 내 몸의 건강을 드높이는 독립적인 노력이 아니다. 나 혼자만의 노력으로 나의 면역을 확보할 수 없다. 내 몸은 공유된 공간에서 더불어 살아가는 우리의 몸이기 때문이다. 공유된 공간의 오염은 곧 내 몸의 오염과 직결된다. 바이러스가 볼 때 우리 몸은 저마다의 숙주다. 다른 숙주에게 바이러스를 전파하고 오염시킬 귀중한 파트너다. 우리는 고립된 우리 안에서만 살아갈 수 없는 의존적인 존재들이다. 내 몸을 돌보고 지키는 노력, 예를 들면 운동을 하고 백신 접종을 하며 면역력을 키우는 모든 활동은 온갖 질병으로부터 나를 보호하려는 지극히 이기적인 행동일 뿐만 아니라 내 몸과 같은 공간에서 살아가는 다른 사람의 몸을 오염시키거나 전염시키는 나쁜 숙주가 되지 않겠다는 이타적인 행동이기도 하다. 내 몸은 나와 함께 살아가는 내 삶의 주체이기도 하지만 다른 사람과 더불어 살아가는 공동체의 주역이기도 하다. 주체가 주역으로 거듭나려 할 때 몸의 건강성이 확보되지 않고서는 불가능하다.

나의 몸을 건강하게 유지하는 노력은 내 삶을 책임지는 자세이기도 하지만 다른 사람의 삶을 행복하게 만들어주는 이타적 사랑의 표현이다. 나의 건강은 다른 사람의 건강으로부터 빚을 져서 얻은, 다른 사람의 건강 덕분에 내가 누리는 행복이다. 내가 감염병에 걸리지 않은 것은 다른 사람이 내 주변에서 바이러스의 침입을 사전에 차단해준 덕분이라고 생각해야 한다. 내 몸은 다른 사람의 몸과 긴밀하게 연결된 우리의 몸이다. 우리는 거미줄처럼 연결된 채 도움을 주고받으며 살아가는 상호호혜적 관계 공동체다. 율라 비스는 "우리는 제 살갗보다 그 너머에 있는 것들로부터 더 많이 보호받는다. 이 대목에서, 몸들의 경계는 허물어지기 시작한다. (…) 면역은 사적인 계좌인 동시에 공동의 신탁"이라고 말한다.[17] 내 몸은 피부라는 보호막으로 1차 방어막을 구축하지만 더 큰 보호막은 '우리we'다. 우리가 다 같이 더불어 살아가려는 공동의 노력을 함께 전개하지 않으면 나 혼자 아무리 노력해도 내 몸을 지켜낼 수 없다. '나 하나쯤이야'라는 안일한 사고방식이 우리에게 어떤 문제를 불러일으킬 수 있는지 이번 코로나 19 사태를 통해 여러 차례 확인하지 않았던가.

내 몸의 아픔은 관계의 아픔이다

내 몸은 나에게 속하는 독립적 주체지만 사실은 또 다른 몸과 연결된 더 큰 관계나 그물망의 일부다. 내 몸은 진공관 속에서 독립적으로 살아갈 수 없다. '우리$_{cage}$'를 빠져나와 다른 '우리$_{cage}$'를 만날 때 비로소 몸은 활동성을 띠며 나와 너의 관계를 통해 '우리$_{we}$'를 만들어가는 공동체적 멤버십을 획득한다. 그런 점에서 몸은 그 자체가 하나의 우주로서 독립적인 생명성을 지니지만 다른 몸과의 연대나 관계 없이 생존할 수 없는 의존적인 삶을 살아갈 수밖에 없다. 내가 몸이 아파서 병원에 입원하면 내 몸만 입원하는 것이 아니라 내 몸과 관계된 다른 사람의 몸도 같이 입원한다. 내 몸은 독립적이지 않으며, 의존적 관계망으로 연결된 더 큰 우주의 일부다. 즉 내가 내 몸을 챙기는 것은 결국 독립적인 소우주인 나를 챙기는 근면한 노력을 넘어, 내 몸과 연결된 다른 관계와 공동체를 돌보는 따뜻한 사랑의 표현이다. 내가 뭔가 잘못해서 죄인이 되어 감옥에 간다면 내 몸만 감옥에 갇히는 것이 아니라 내 몸과 연결된 다른 사람의 몸도 같이 투옥된다. 몸은 다른 몸과 연결된 소우주다. 내 몸을 챙기는 이기적인 노력이 결국 다른 사람의 몸을 생각하는 이타적인 사랑의 표현이 되는 이유다. 율라 비스는 "서로 의존하는 관계라고 생각해봐. 우리 몸은 자기 혼자만의 소유가 아니야. 우리는 그렇지 않아. 우리 몸들은 서로 독립적이지 않지. 우리 몸의 건강은 늘 남들이 내리는 선택에 의존하고 있어."라고 말한다.[18] 내 몸을 챙겨야 하는 이유는 다른 사람의 몸을 생각해야 하기 때문이다. 내 몸의 건강을 지키는 일이 곧 건강한 관계를 만들어가는 길이자 공동체의 건강을 지키는 일이다. 내 몸을 돌보지 않는 무책임한 행동은 개인적인 잘못을 넘어 관계의 아름다움을 가꾸어 나가는 의무를 불이행하는 잘못이자 공동체의 건강을 지켜 나가는 책임을 다하지 못하는 행동이다.

몸은 독립적인 노력을 통해 만들어지기도 하지만 대부분 사회적으로 만들어진다. 내 몸에는 내 삶의 역사가 고스란히 축적되어 있을 뿐만 아니라 내가 살아오며 만난 사회적 관계가 얼룩과 무늬로 새겨져 있다. 김승섭은 《아픔이 길이 되려면》에서 "물고기 비늘에 바다가 스미는 것처럼 인간의 몸에는 자신이 살아가는 사회의 시간이 새겨집니다."라고 말한다.[19] 내 몸이 다른 사람의 몸과 만나서 만든 관계와 공동체의 모습이 내 몸에 고스란히 새겨진다는 것이다. 내 힘으로 어쩔 수 없는 내 몸 밖의 일이 내 몸으로 연결되기 때문이다. 또 내 몸으로 느끼는 감각적 깨달음의 관계망이 몸으로 감지하는 지각도 결정한다. 다이앤 애커먼은 《감각의 박물학》에서 "감각이라는 레이더망을 통하지 않고 세상을 이해할 수 있는 길은 없다."라고 말한다.[20] 감각적 레이더망으로 다른 사람의 몸에서 나오는 느낌을 포착하고 사회적 관계망 속에서 나의 위치를 확인하며 내가 서야 할 자리를 만들어간다. "몸은 사회를 기록한다."[21] 몸이 만들어온 사회적 관계가 내 몸을 만든다. "너무도 많은 면에서 그 과거는 아직도 나와 같이한다. 내 몸에 과거가 고스란히 새겨져 있다. 매일같이, 하루도 빠짐없이 그 과거를 데리고 다닌다."[22] 이문재 시인이 〈소금창고〉에서 "옛날은 가는 게 아니고 이렇게 자꾸 오는 것이었다."라고 말하는 것처럼 과거에 내 몸이 경험했던 추억이 현재의 내 몸을 만들었고, 그 몸이 나의 미래까지 결정한다. 내 몸이 겪은 체험적 깨달음이 내가 미래를 상상하는 힘을 결정한다. 나의 미래는 내 몸에 새겨지는 관계의 흔적이 결정한다. 그 흔적이 목적의식을 만날 때 기적이 시작된다. 내 몸의 미래가 곧 나의 미래다. 내 몸이 맺어가는 사회적 관계의 역사가 바로 나의 미래를 결정한다.

09

일곱 가지 근육으로
험난한 인생을 살아가는 방법

　어느 날 근육들이 저마다의 근력을 자랑하면서 난국 타개 방안을 논의하는 자리가 마련되었다. 간신히 출퇴근하던 후줄근한 근육부터, 단련 이후 내 인생의 최측근이 되어 칼퇴근할 만큼 삶의 배양근으로 등극한 근육까지 모두 참석한 전대미문의 자리였다. 아침 운동을 마친 일곱 명의 근육은 한자리에 모여 저마다의 아픔과 사연을 토로하면서 어떻게 하면 근력筋力을 극대화해 근본까지 파고드는 근력根力을 확보할 수 있을지를 토론했다. 차근차근 근육을 만들고 있지만 별다른 진전을 보지 못하는 첫째 '미적지근', 천근만근 무거운 몸을 이끌고 간신히 운동을 이어가는 둘째 '벅적지근', 참고 견디며 근력 운동을 하지만 몸이 파김치가 되어 걸을 때마다 맥이 없는 셋째 '파근파근', 달착지근한 근육 맛에 빠졌지만 여전히 피곤함을 호소하는 넷째 '노근노근', 슬근슬근 근육 모습이 드러남을 반가워하지만 끈질기게 근육 단련을 거듭하려 안간힘을 쓰는 다섯째 '질근질근', 근육이 피부를 뚫고 팽창하는 것 같다고 사실무근의 이야기를 자랑하는 여섯째 '두근두근', 드디어 근육이 찢어지는 고통을 느끼지만 온몸으로 전율하는 감동을 울근불근 느끼는 일곱째 '불근불근'이 그들이었다.

1단계 '미적지근': 근육이 생기다

무단결근을 밥 먹듯이 할 정도로 근육이 약화된 상태로, 차근차근 근육을 만들고 있지만 별다른 진전을 보지 못하는 '미적지근'이 맨 먼저 말문을 열었다. 결심을 거듭하다 큰 맘 먹고 운동을 시작했는데 일주일이 지나도 몸의 변화가 없음을 눈치채고 좌절을 경험하고 있다며, 그러나 초고속으로 근육을 만들어 이번 여름휴가 시즌에는 기필코 자신의 멋진 몸을 만천하에 뽐내고 싶다는 솔직한 고백을 꺼내놓았다. 하지만 '미적지근'은 강도 높은 운동을 하루 이틀 한 다음 운동한 자신을 위로한다는 핑계로, 운동한 시간보다 훨씬 더 많은 시간을 무절제한 식사와 음주로 가득 채우는 일상을 이어가고 있었다. 힘들게 운동한 며칠간의 노력이 물거품으로 돌아가는 건 당연지사. 이대로 내버려두면 작심삼일, 그리고 잇따르는 좌절과 절망이 반복될 뿐이다. 근육은 몸에 필요한 최소한의 양만 남고, 지방 가득한 살덩어리가 온몸을 뒤덮게 될 것이다.

2단계 '벅적지근': 천근만근 몸이 무거워지다

천근만근 무거운 몸을 이끌고 간신히 운동을 이어가는 '벅적지근'이 '미적지근'의 솔직한 고백을 듣고 크게 안심하면서, 자신도 아침에 일어나기 어렵지만 그럼에도 운동만이 내 삶을 바꿀 수 있다는 신념으로 근력을 키우고 있는데, 여전히 그 효과는 미지수라고 말한다. 운동을 할수록 오히려 몸만 벅적지근해지고 한 번 무거워진 몸은 하루 이틀이 지나도 여전히 나아질 기미가 보이지 않아서 지금 포기를 심각하게 고민하고 있다. 아침에 일어나기 전에 언제나 운동과 행동 사이에 깊은 대화가 오간다. 어차피 지금 근육은 극도로 피곤한 상태니까 여기에 근력 운동을 추가로 더 하면 설상가상이 될 거라는 자기합리화가 고개를 들기 시작한다. 피트니스 센터로 걸어가면서도 걷기조차 힘든 내 몸을 위해 오늘 하루 정도는 쉬어주는 것이 내 몸에 대한 예의라는 주장이 힘을 받기 시작한다. '미적지근'과 '벅적지근'의 공통된 고민은 생각만큼 근육이 빨리 겉으로 모습을 드러내지 않아서 불만이라는 것이다. 근육은 오로지 내가 흘린 땀방울에 비례한다는 사실을 아직 모르는 철부지 근육들의 섣부른 불평불만의 목소리. 다른 근육들은 아직까지는 침묵을 유지한 채 잘 듣고 있는 듯하다.

3단계 '파근파근': 비실비실 흔들리며 맥없이 한 걸음 내딛다

'파근파근'은 몸은 자주 벅적지근하지만 그래도 운동을 통해 근육을 길러야겠다는 일념으로 근육에 아로새겨지는 힘을 상상하며 근력 운동을 계속해왔다. 하지만 몸은 여전히 이리저리 자꾸 흔들리며 중심을 잡지 못하고 비실비실하다. 이런 상태에서도 과연 근력 운동을 계속하는 것이 정말 내 몸에 도움이 되는 것인지 자꾸 회의감이 앞선다. 그럼에도 불구하고 '파근파근'에게서 찾아볼 수 있는 한 가지 희망은 걸을 때마다 다리가 풀리고 맥이 없으며 내딛는 발걸음조차 무거워 몸이 비실비실한데도 근력을 키워보겠다는 일념이 대단하다는 것이다. 몸이 파김치가 되어 천근만근보다 더 무거워도, 근육이 파열되는 아픔을 감내하며 근력 운동을 해보겠다는 의지가 아직 남아 있는 것이다. 안 하던 운동을 며칠 반복해서 하는 와중에 몸에 쌓인 피로로 다리는 후들거리고 기력이 없어한 걸음 한 걸음이 지구를 짊어지는 무게만큼이나 무거운 상태다. 그러나 운동으로 생긴 몸의 피로는 다시 운동으로 풀어야 한다. 이 단계만 지나면 힘든 시기를 극복한 '파근파근'의 근육에 활력의 날개가 달릴 것이다.

4단계 '노근노근': 힘들지만 근육 맛에 빠지다

달착지근한 근육 맛에 빠졌지만 여전히 피곤함을 호소하는 '노근노근'이 참다 참다 드디어 말문을 연다. "'미적지근' 너는 근육 운동만 하고 땀은 안 흘리면서 너무 요행을 바라는 것 아니냐?"라며 매섭게 몰아붙인다. 근육량은 내가 흘린 땀의 양에 정비례한다는 것이다. '벅적지근' 역시 강도 높은 운동을 하고 있는 것 같지만 운동으로 생긴 벅적지근함은 오로지 운동으로 풀어야 하는데 천근만근 나가는 몸의 무게가 자신을 게으름의 나락으로 몰고 가고 있는 위험성을 눈치채지 못하고 있다고 따끔하게 충고한다. 안 하던 운동으로 몸이 파김치가 되어 비실비실한 '파근파근'에게는 따뜻한 격려의 말을 건넨다. 나약해지는 자신을 채근해가며 근육을 키우려는 의지에는 칭찬을 해주고 싶다는 것이다. 하지만 '노근노근' 역시 남을 평가할 처지는 못 된다. 자신도 큰 맘 먹고 격렬한 운동을 며칠 했지만 기대한 만큼 운동의 효과가 가시적으로 드러나지 않자 절망과 희망 사이에서 고민을 거듭하는 중이기 때문이다. '노근노근'이 직면한 최대의 변곡점은 운동을 해도 몸이 가벼워지지 않고 오히려 피곤해져서 느끼는 절망감을 어떻게 극복하느냐다. 초기에 느꼈던 달착지근한 운동 맛이 마치 초콜릿처럼 당근으로 작용했다. 하지만 이제 슬금슬금 운동을 하지 않아도 될 것 같다는 자기합리화의 함정으로 빠져들기 일보직전의 상황이다. '노근노근'은 그래도 열심히 했는데 억울하다며 항변을 한다.

5단계 '질근질근': 슬금슬금 근육이 모습을 드러내다

그때 슬금슬금 근육이 드러남이 반갑지만 여전히 근육 단련을 거듭하려 안간힘을 쓰고 있는 '질근질근'이 자기 몸에 붙은 근육을 보여주며 말문을 연다. 자신 역시 온갖 유혹의 손길에 이끌려 나락의 길에 들었었다며 아픈 과거를 고백한다. '질근질근'은 자신이 운동하면서 몸으로 깨달은 몇 가지 깨달음을 '미적지근', '벅적지근', '파근파근' '노근노근'에게 솔직 담백하게 풀어놓기 시작한다. 근육은 힘이 들어간 만큼 힘이 생긴다. 마지막이다 싶을 때 거기서 한 번 더 들어 올리면서 느껴지는 통증만큼 근육에 상처가 생기고,

그 위에 더 큰 근육이라는 아름다운 꽃이 핀다. 자신도 늘 한 번만 더 해보자는 식으로 끈질기게 버텨왔으며, 이제는 이전과 비교하기 힘들 만큼 근력이 생겼다고 고백한다. '질근질근'이 펼치는 근육에 대한 철학과 신념은 다음과 같다. 지루한 반복 운동의 진지한 실천만이 어느 날 갑자기 느끼는 근육량의 반전을 가져온다는 것. 근육에는 속도복음, 효율복음이 통하지 않는다는 것과, 오로지 느릿느릿 다가오는 변화만이 근육 세계가 감지하는 모습일 뿐이라는 것도.

6단계 '두근두근': 사실무근 근육이 피부를 뚫고 나오다

근육이 피부를 뚫고 팽창하는 것 같다며 사실무근의 이야기를 자랑하던 '두근두근'이 더 이상 참다가는 근본이 무너진 근육 담론이 생기고 말 것 같다는 위기의식에서 일장 훈시를 시작한다. '두근두근'은 지금까지 당신들이 말한 내용들은 전부 자기합리화의 표본일 뿐이라며 일갈한다. 그리고 곧바로 자신만의 색깔 있는 근육 팽창론을 펼친다. 사실 자신도 근력 운동을 하면서 생각한 만큼 바로바로 근육이 생기지 않아서 중도에 포기할 생각을 수없이 했다는 것이다. 하지만 근육만큼 사람들이 투자는 하지 않으면서 생기기를 바라는 것도 없다는 게 '두근두근'의 생각이란다. '미적지근'에게는 미지근한 운동량으로는 절대로 근육이 생기지 않는다고 조언한다. '벅적지근'에게는 벅적지근한 상태는 모든 근육 운동의 초기 상태로 누구나 겪어야 하는 뻐근한 근육의 몸부림이라고 조언한다. 피로해진 몸을 이끌며 근력 운동을 계속하는 '파근파근'과 '노근노근'에게는 벅적지근한 상태를 넘어서긴 했지만 근육에 맺힌 피로감으로 도저히 운동할 의욕을 상실한 상황인데, 이 위기를 넘어서서 운동을 지속하지 않으면 나근나근해지는 근육으로 전락할 위험성을 내포하고 있다고 경고한다. '질근질근'에게는 그나마 끈질기게 사투를 벌이며 몸에 만든 꾸준한 단련의 가시적 성과가 보이지만, 이후 방심해 잠시만 일상의 루틴을 벗어나도 강력한 유혹의 손길이 몸과 마음을 덮쳐버리는 경우가 발생할 거라고 조언한다. 그리고 마지막으로 남들은 자신의 말(근육이 피부를 뚫고 나오더라!)이 사실무근이라며 비난하지만, 내 몸의 가시적 변화를 몸으로 느낀 사람의 심장은 피부를 뚫고 두근두근 뛸 수밖에 없다고 덧붙인다.

7단계 '불근불근': 울근불근 근육이 팽창을 거듭하다

근육량을 늘리고 싶다는 생각은 굴뚝같지만 실제 굴뚝에 오를 정도로 힘든 노동을 해가면서까지 근육을 만들어야 하는 건지, 근본적인 회의가 생길 수 있다. 대회에 나갈 것도 아닌데 왜 이리 힘들게 운동하는 건지 자기성찰적 문제가 떠오를 수도 있다. 그러나 운동으로 자기 몸의 변화를 감각적으로 느껴본 사람은 어떤 핑계와 자기합리화가 와도 운동을 포기하지 않는다. 근육이 찢어지는 두근두근의 즐거운 고통을 느껴오던 '불근불근'은 최근 몸의 변화뿐 아니라 마음의 변화가 동반되는 느낌을 온몸으로 직감하기 시작했다고 고백한다. 일단 자세가 바뀌었으며, 앉아 있거나 서 있는 모습도 반듯해졌고, 무엇보다 예전과 달리 긍정적이고 낙관적인 태도가 생겼다. 매사를 적극적으로 해보겠다는 열정이 스멀스멀 올라오며, 운동의 즐거움이 일상이 되었다. 온몸으로 전율하는 감동을 몸으로 느낀 '불근불근'은 자신의 근력 운동에 관한 신념과 철학을 조목조목 밝히기 시작한다. 근육은 힘들고 아픈 만큼 내 몸에 생기는, 상처 속에 핀 신의 축복이다. 근육은 꾸준한 반복에 의해서만 어느 날 반전을 일으키며, 양적 축적이 질적 반전을 가져오는 기적의 원동력이다. 근육의 변화는 근력의 강화를 가져와 몸의 변화는 물론 삶에 대한 자세와 태도 변화까지 이끈다. 돈 주고 살은 뺄 수 있지만 근육을 만들 수는 없다. 근육은 힘들고 어려운 상황에서 나를 일으켜 세우는 버팀목이다 등등.

저마다의 의견을 펼친 일곱 명의 근육, '미적지근', '벅적지근', '파근파근', '노근노근', '질근질근', '두근두근', '불근불근'은 저마다의 고뇌와 문제의식을 지니고 있다. 이들의 생각은 저마다 다르지만 몇 가지 점에서 합의에 이른다. 우선, 근육이 어느 순간 제곱근으로 늘어난다는 주장은 허무맹랑한 낭설이며 사실무근이라는 점에는 의견을 같이한다. 둘째, 후텁지근할 정도로 운동하면 근육도 열을 내고 더워지기 시작한다는 의견에 동의한다. 그것이 바로 지방을 태우면서 겉으로 표출되는 열량이며 기초대사량을 늘리는 지름길이라는 것이다. 셋째, 근육 단련을 너무 과도하게 하면 근육도 피곤함을 느껴 쌔근쌔근 졸기도 한다는 의견에 동의한다. 너무 힘든 근력 운동은 긍정적인 효과 대신 오히려 내 몸을 망가뜨리는 역기능으로 작용할 수도 있다는 것이다. 넷째, 근육은 나를 삶의 중심으로 세우는 가장 강력한 배양근이자 나와 더불어 살아가는 최측근이라는 점에 대해서는 모든 근육이 만장일치로 합의하고 박수로 화답한다. 그리고 미지근한 결단과 행동으로는 미증유의 세계를 극복할 근력이 생기지 않으며, 마지막으로, 미지의 세계로 출발하는 과감한 결단과 한계에 도전하려는 불굴의 의지는 모두 내 몸을 중심에 세우는 근력에서 나온다는 것에 모두가 합의에 이른다. 운동으로 몸을 바로 세워 나를 재탄생시키는 원동력으로 만들자는 힘찬 결론과 함께 근육들의 난상토론은 막을 내린다.

쓰면 쓸수록 달라지는
몸 쓰는 세계

몸은 명사가 아니라 동사다

몸의 역사는 명사가 아니라 동사다. 몸은 멈춰 서서 뭔가를 생각하는 정체停滯가 아니라 죽을 때까지 움직이는 동체動體다. 움직임을 멈춘 몸은 죽은 몸이나 다름없다. 잠을 잘 때도 우리 몸의 각 기관은 저마다의 위치에서 보이지 않는 가운데 움직이는 정중동靜中動의 모범을 보여준다.

나는 실업팀 야구선수였던 아버지의 체형을 닮아 골격이 견고하고 다부진 몸을 가졌다. 생일이 빨라 초등학교를 다른 친구들보다 한 살 일찍 들어갔음에도 친구들이 섣불리 언니라고 불러, 오빠라고 불러, 하지 못할 아우라를 가지고 있었다. 또래 친구들보다 큰 편인 키와 탄탄한 허벅지 근육으로 체육 시간에는 달리기, 피구, 발야구, 배드민턴 등 어떤 운동을 하든 우리 편에게는 든든한, 상대편에게는 위협적인 전력으로 대접받곤 했다. 중학교 때는 에 어로빅 대회 안무 리더를 맡고, 고등학교 때는 반 장기자랑 때 꼭 나가서 춤을 추는 행동파였다. 대학교에 들어가서는 전국구 대학 생 인턴십 프로그램에 참여하기도 했고, 방글라데시로 떠나 3개월 동안 봉사 활동을 하기도 했다. 무언가를 '함'에 있어 체력이나 가 능성을 고려하며 주저한 적은 별로 없었던 것 같다. 돌이켜 보면 삶은 '함'의 역사다. 내가 한 일들이 경험이 되고, 경험 속에서 성찰 을 통해 우걱우걱 소화시킨 산물이 다음의 경험을 위한 체험의 리 소스가 된다. '나는 왜 이럴까' 하는 고민과 반성을 하는 와중에도 나는 변하고 있다. 그러니까 사실 삶은 동사다. 그런데 이 단순한 진리를 미처 몰랐던 꽤 오랜 시간 동안, 나는 머리에 발목이 잡혀 있었다.

꽤 오랜 시간, 몸의 역사를 '명사'라고 생각했다. 한번 만든 몸은 일정 기간 유지된다고 생각했다. 주변의 늘씬한 몸매를 보면 더욱 그런 생각이 들었다. 모델처럼 날씬하고 쭉쭉 뻗은 몸을 동경했다. 사춘기를 지나며 골반이 커지고 체지방의 포텐이 터졌다. 하체가 튼튼한 체형은 늘 콤플렉스였다. 키가 큰 만큼 앉은키도 큰 편이었는데 그것이 또 콤플렉스라 늘 허리를 구부정하게 하곤 했다. 얼굴이 작고 예쁜 친구들을 부러워했고, 다리가 날씬한 사람들을 부러워했다. 보이는 모습에 자신이 없어서 어떤 일에 도전하건 마음이 나를 붙잡았다. 신체 능력이 누구보다 건강했고, 체력이 허락하지 않는 날들이 없었는데 말이다. 과감하게 결정하고 그저 결과에 대해 감당하면 되는 것인데 그러지 못했다. 랄프 왈도 에머슨은 "나 자신에 대한 자신감을 잃으면, 온 세상이 나의 적이 된다."라고 했다. 나는 자신감의 원천을 몸이 아닌 외모에 두면서 자신감을 잃었고, 온 세상을 적으로 두고 맞서 싸웠다. 정신을 차렸을 때 사실 적은 어디에도 없었는데 말이다. 몸무게는 하루에도 몇 번씩 수분 순환과 섭취 배출 등 다양한 이유로 변한다. 대사의 작용으로 팔, 다리, 손가락의 두께도 시간에 따라 굵어졌다 가늘어지기를 거듭한다. 심장은 죽기 전까지 쉼 없이 뛰고, 우리 몸은 세포 분열을 거듭하며 생장과 노화를 거듭하는데, 나는 가장 이상적인 몸의 상태를 고정해두려고—불가능함에도 불구하고—굶기를 거듭하고, '모델처럼 날씬해지리라'를 중얼거리며 기운 없이 종일 누워 있기도 했다. 모델처럼 날씬해지기 전에는 그 무엇에도 도전할 수 없다고 생각했던 부끄러운 시간들이여.

동사로 사용하는 몸만이 새로운 역사를 쓸 수 있다

몸을 명사로 보던 무기력한 시기를 지나 나는 '식단 일기'가 아 닌, '움직임 일기'를 쓰기 시작했다. 종일 무기력한 나를 들여다보 다, 내가 밥값을 하며 살고 있나, 하는 문제의식에서 시작한 행동 이었다. '먹은 만큼 소비하자', '먹은 만큼 세상에 의미 있는 행동을 더하자'를 결심하고 하루하루 움직임을 더했다. 소소하게 집안일 부터 시작했다. 설거지를 하고, 쌓여 있던 옷더미를 정리하고, 가 까운 거리는 햇볕을 받으며 걸어 다니려고 노력했다. 그렇게 행동 들을 기록으로 남기다 보니, 멈춰 있던 내 몸의 생체 시계가 다시 흐르기 시작했다. 전에는 적게 먹어야 한다는 강박에 눌려 늘 기 운이 없었다. 그러나 더 즐겁고 더 좋은 움직임을 늘리려면 건강 한 음식을 감사한 마음으로 맛있게 먹어야 했다. 섭생이 다시 건강 해지면서, 운동을 할 수 있는 기운이 슬슬 올라오는 느낌을 감지 했다. 달리고 싶고, 기운차게 움직이고 싶다는 몸의 신호가 마음에 노크를 했다. 콤플렉스에 사로잡혀 아무것도 하고 싶지 않다고 말 하던 마음이 몸의 신호에 조금씩 반응했다. 콤플렉스에서 벗어나 움직이는 내 매력을 발견하기 시작했다. 어떤 변화에도 유연하게 적응해내는 임기응변력, 사람들에게 활기차고 명랑한 기운을 전 하는 걸음걸이, 나지막하지만 힘이 있어 진심을 전하는 목소리, 빠르게 핵심과 본질을 캐치하고 필요한 역할을 찾는 민첩한 눈, 환하게 웃는 입, 고된 노동에도 여간해선 지치지 않는 단단하고 다부진 다리, 아닌 것은 아니라고 단호하지만 부드럽게 표현하는 손짓과 눈짓. 이렇게나 매력이 많았는데, 고작 날씬한 몸매만을 바라며 이 모든 매력들을 등한시하고 있었다.

가만히 앉아서 몸의 이상적인 모습을 상상만 했다. 상상만으로 몸은 지금보다 더 좋아지지 않는데 말이다. 몸은 앉아서 생각할수록 상태가 나빠진다. 몸은 명사로 머무는 동안 간신히 명맥을 유지할 뿐 다음 상태로 나아가지 않는다. 몸은 동사로 사용할 때만 가치를 지닌다. 우리가 표현하고자 하는 모든 관념은 행동을 통해서 검증되고 나의 신념으로 바뀐다. 내가 어떤 행동을 선택하는 과정에서 갖는 용기와 확신은 몸을 쓰는 경험이 몸속에 쌓여 발효되고 숙성된 체험의 산물이다. 명사인 몸은 행동을 시도할 수 없고, 체험으로 숙성하는 일은 더더욱 할 수 없다. 내가 부러워하던 체형을 가지고 있던 모델 역시 행동을 쌓아가며 살고 있다. 하고 싶은 것을 용기 있게 시도하고 해내는 경험들이 쌓이면 자신에 대한 신뢰가 생긴다. 실행력은 체험을 매개로 몸과 정신, 영혼이 협연하는 하모니다. 건강한 몸을 바탕으로 한 체험이 더 아름다운 연주를 만든다. 자신이 직접 몸으로 만드는 명곡이 얼마나 아름다운지를 느껴본 사람은 몸과 정신, 영혼의 오케스트라를 점점 더 풍성하게 연주한다. 움직이는 몸, 동사로 사용하는 몸만이 내 삶의 동행자가 될 수 있고 더 큰 꿈을 품을 수 있는 동기의 원동력이 된다. 반면에 몸이 정체되어 움직이지 않으면 나의 정체성은 점차 희미해지고 어제와 다르게 살아보려는 의욕과 의지도 상실되기 시작한다. 오로지 동사로 몸을 사용할 때 내 몸의 새로운 역사가 쓰이기 시작한다. 역사 자체가 동사가 아닐까. 역동적인 사건과 사고에 담긴 의미로 역사의 얼룩과 무늬가 만들어지는 것처럼 우리 몸도 몸이 겪는 사건과 사고에 의해 만들어진다.

몸 쓰는 방법은 오로지 몸을 써봐야 알 수 있다

앞서 말했듯, 건강한 몸을 타고났지만 강박과 콤플렉스로 매우 건강하지 못하던 때가 있었다. 운동을 시작하는 가장 쉬운 방법은 그냥 시작하는 것이라지만, 시작하는 것과 어떤 운동을 맹목적으로 '따라 하는 것'은 분명 다르다. 몸을 쓰는 것에 익숙하지 않은 현대인은 몸의 소리에 반응하고 적절한 움직임을 행동으로 옮기는 것이 어렵다. 법정 의무 교육 기간 중 체육에 할당된 시간이 턱없이 적어 몸을 위해 어떤 움직임을 챙겨야 하는지 충분히 배우지 못했기 때문이기도 하고, 몸 쓰는 일과 머리 쓰는 일을 굳이 구분해 한쪽에만 무게 중심을 두고 편중된 삶을 살았기 때문이기도 하다. 운동이 좋다는 것은 누구나 알지만, 모든 것이 그렇듯, 아는 것을 행동으로 옮기는 것, 더구나 습관으로 꾸준히 챙기는 것은 어렵다. 사람들에게 운동은 자주 후순위이며, 그 때문에 아픈 곳이 많고, 그 때문에 운동 외에 낯선 경험에 대한 새로운 도전도 쉽지 않음을 사람들은 잘 알지 못한다. 낯선 것에 대한 방어적 반응이 사실은 새로운 경험을 감당할 체력과 정신력이 부족해서 나오는 것임을 알지 못한다. 혹자는 이것을 '보수적인 성격', '신중한 성격', '준비성'이라 표현하기도 하지만, 사실은 몸을 쓰는 일이 익숙하지 않아서 그런 것일 수도 있다. 치아가 나지 않은 유아에게 산해진미를 대령한들 무슨 소용이 있겠는가. 운동에 대해 의욕을 갖는 것과 실제 운동 습관을 만드는 것은 다르다. 의욕만으로 체력과 근력이 생기지 않는다. 운동을 한 번도 하지 않은 사람이 한 번에 100kg 바벨을 들어 올릴 수 없는 것처럼, 운동 습관을 만드는 데에는 나름의 단계가 필요하다. 습관은 말 그대로 익히는 과정을 거쳐야 관성이 생기면서 만들어진다. 몸에 밴 습관이 정신을 지배하는 것이지, 정신이 몸을 지배하는 것이 아니다. 따라서 몸에 운동하는 관성이 생기려면 일정 기간 반복하는 움직임이 필요하다.

살을 빨리 빼고 싶어 하루 500kcal만 먹고 하루 30분의 고강도 홈 트레이닝을 따라 하다 쓰러진 적이 있다. 머리가 핑 돌고 어지럽더니 며칠을 누워 있어야 했다. 제대로 먹지도 못하고 누워 있다가 운동에 대한 강박으로 훌라후프라도 돌려보자며 일어섰지만 후들거리는 다리가 말을 듣지 않았다. 훌라후프는커녕 몸을 일으키는 것조차 마음대로 되지 않았다. 그러던 내가 하루 30분 정도는 가볍게 달리고, 매일 스쿼트를 100~150번 정도 하고, 틈만 나면 뛰어다닌다. 하루에도 몇 번씩 몸이 찌뿌둥하다는 것을 느낄 때면 가볍게 스트레칭을 한다. 물론, 여전히 운동을 많이 알지 못하고, 헬스장에 혼자 가면 어떤 기구부터 어떻게 해야 할지 몰라 탐색을 해야 하지만 새로운 기구를 보면 즐겁고 설렌다. 일어서는 것조차 어지러워서 하지 못했던 내가 운동이라면 즐거워 사족을 못 쓰는 데 이르기까지는 나름의 단계가 있었다. 결론부터 말하자면, 결코 의지력의 문제가 아니다. 할 수 있는 것과 할 수 없는 것을 구분하는 것이 중요하다. 할 수 있을 것 같았지만 막상 해보니 예상과 다를 때, 오늘 내가 할 수 있는 양은 이만큼임을 인정하고 내일을 기약하는 것이 중요하다. 괴롭게 하는 것이 아닌, 즐겁게 하는 것이 중요하다. 미숙하고 부족한 나를 보기보다 성장하는 나를 즐겁게 보는 것이 중요하다…. 운동을 할 때의 모습은 삶을 살아가는 모습과 닮아 있다. 몸을 쓰는 방법은 몸을 움직여 이리저리 써봐야 알 수 있다. 책상에서 요리조리 잔머리 굴려서는 결코 알아낼 수 없다. 몸은 오로지 써본 사람만이 그 쓰임의 묘미를 몸으로 느낄 수 있다.

몸을 돌보기 시작하면 내 몸에도 봄이 오기 시작한다

운동을 하며 점차 성장하는 나를 보다 보면, 삶에서도 도전을 두려워하지 않는 나를 만날 수 있다. 헬스장에 등록하는 직장인의 70% 이상이 한 달 내에 운동을 포기한다고 한다. 이들은 대체로 나만의 적정선을 알지 못하거나, 트레이너의 리딩을 맹목적으로 따라가거나, 운동하는 주변인이나 인터넷 등을 통해 구할 수 있는 거창한 운동 프로그램을 무작정 따라 하다 무리하여 지치는 경우다. 자신의 체력과 근력이 허용하는 범위를 이해하지 못한 채, 지금의 몸이 할 수 없다 해서 영원히 할 수 없다고 속단하고 포기해 버린다. 선택과 포기의 끈질긴 밀당 속에서 시간은 흘러간다. 문제의 핵심은 결심하는 순간부터 몸을 움직여 운동하는 순간까지 내가 내 몸을 챙기지 않으면 그 누구도 챙겨주지 않는다는 것이다. 물론 다른 사람의 도움이 어느 정도 필요할 수 있겠지만 누군가 나

대신 내 몸을 움직여줄 수는 없다. 내 몸을 스스로 살필 줄 알아야 어디를 좀 더 보살펴야 하는지 알 수 있고 꾸준히 돌볼 수 있다. 대부분의 아기들은 보호자로부터 아주 작은 신호만 보내도 원하는 것을 어떻게든 찾아서 돌봐주는 돌봄을 경험한다. 아기는 스스로 할 수 있는 것들이 많지 않다. 배가 고프거나, 기저귀가 젖었거나, 졸린 것조차 언어로 표현이 불가능하다. 아기들의 보호자는 아기의 비언어적 신호들을 해석해 돌봐주어야 하고, 이는 세심한 관찰력이 동반되어야 하는 일이다. 타인으로부터의 돌봄은 한 사람의 성장 과정에서 성격이 형성되는 중요한 바탕이 된다. 그러나 몸과 정신, 영혼이 성장하면서 타인으로부터의 돌봄은 자연스럽게 멀어지고, 온전한 개체로서 스스로를 돌봐야 하는 시기가 도래한다.

스스로를 돌보는 일은 당연히 생각만으로 이루어지지 않기 때문에 원하는 것을 행동으로 옮겨야 한다. 어린 시절에 형성된 성격과 별개로, 성인으로서의 나는 스스로 돌볼 수 있어야 건강하게 삶을 영위해갈 수 있다. 그러려면 스스로 내가 나의 보호자이자 집사이자 하인이자 조력자이자 주체가 되어야 한다. 내가 나와 어떤 관계를 설정하느냐에 따라 경험하는 삶의 온도가 달라진다. 하고 싶은 것이 많은데 몸이 따라주지 않아 할 수 없다는 사람들이 있다.

이들은 자신의 몸을 무능한 하인으로 간주한다. 그리고 무능한 하인으로 간주된 몸은 무언가를 해야 할 때에 억지로 하고, 조금만 쉴 틈이 있으면 드러누워 버린다. 그러나 몸을 탓할 것이 아니라 자신이 몸을 대하는 방식을 바꿔야 한다. 운동하고 싶으면 운동하고, 자고 싶으면 자고, 맛있는 음식을 먹고 싶으면 먹는, 몸의 신호에 반응하여 나를 챙기는 행동은 몸을 나의 동반자로 대하는 행동이다. 내가 나를 대하는 행동은 내가 타인을 대하는 행동과 닮는다. 머리로만 계획을 세우고 될지 안 될지 계산하다가 이내 포기하고 마는 행동으로 나를 대하는 사람은 타인을 대할 때의 모습도 별반 다르지 않다. 머릿속 계산의 결과가 비교적 안전해 가까스로 뭔가 실천에 옮기더라도, 상황이 바뀌는 순간순간 머릿속에서는 끊임없이 계산이 일어난다. 무엇이 바람직한 것인가, 무엇이 덜 실수하는 길인가, 무엇이 더 안전한가. 사실은 계산하는 데 쓰는 에너지를 줄이는 것이 가장 좋은 결과를 내는 방법이다. 그리고 실천에 옮기는 내 몸과 환경의 조화에 주의를 기울여야 한다. 정지한 상태에서 머리만으로 계산하고 걱정하는 에너지를 아껴, 일단 시작하고, 그 과정에서 필요한 것들을 모으고 챙겨가는 것이다.

몸은 나의 과거이자 현재이며 미래다

니체는 "일상의 행동, 삶의 방식이 나를 만들고 끊임없이 개조한다. 마음과 인간성뿐만 아니라 육체마저도 변화시킨다."라고 말했다.[23] 움직임이 쌓여 만들어지는 체험의 근육은 다른 사람을 따뜻하게 안아줄 수 있는 팔 근육이 되기도 하고, 너른 가슴이 되어 품어줄 수 있는 대흉근이 되기도 한다. 힘든 상황에도 불구하고 중력을 이기며 일어설 수 있는 허벅지 근육이 되기도 하고, 나를 피곤하게 만드는 상황에서도 허리를 펴고 가슴을 펼 수 있는 복근과 기립근이 되기도 한다. 다 같이 힘들지만 어려운 상황 속에서도 다른 사람의 가방을 짊어질 수 있는 광배근이 되기도 하고, 함께 먼 길을 얼마든지 걸어갈 수 있는 대퇴사두근이 되기도 한다. 나는 내 몸과 함께 나름 험난한 삶을 살아왔고, 앞으로도 누구보다 믿을 수 있는 내 몸과 함께 아름다운 인생 여정을 끊임없이 반복해서 떠날 것이다. 그때마다 든든한 지원군인 내 몸과 함께 희로애락을 느끼며 내 삶의 역사를 써나갈 것이다. 무엇보다도 가장 가까이서 몸이 말하는 소리를 듣고 몸이 원하는 방향대로 움직일 것이며, 몸이 가자는 곳으로 떠날 것이다. 정신이 몸을 지배하기 전에 몸이 정신을 지배하는 삶을 살아갈 것이며, 몸이 지향하는 미지의 세계에 나의 미래가 있음을 믿어 의심치 않을 것이다. 몸은 나의 전부다. 몸은 온전히 나를 드러내는 가장 믿을 만한 친구다. 몸은 내가 살아온 과거이며, 오늘을 살아가는 현재이자, 내가 꿈꾸는 미래다. 몸의 움직임을 통해서만 느낄 수 있는 감미로운 삶의 이야기를 당신과 나눌 수 있게 된 지금, 나는 두근대는 심장 박동을 느낀다.

인생이 자꾸 꼬인다면
몸에 답이 있다

    직립 보행을 하는 존재, 인간. 두 발의 면적은 몸 전체의 면적에 비해 터무니없이 작은데도, 우리는 두 발바닥의 면적만큼만 땅을 디디며 온몸을 이고 지고 움직이며 살고 있다. 모든 동물 중 조류를 제외하고 두 발로 직립보행을 하는 동물은 오직 인간뿐이다. 무게 중심이 불안정하고, 척추와 골반이 몸무게의 상당 비중을 차지하는 머리의 무게를 감당하느라 골격 구조의 유동성이 커졌다. 골격의 구조는 무게 중심을 잡고 힘을 더하는 근육, 그리고 근육 전체를 뒤덮고 있는 얇은 막인 근막의 영향을 받는다. 우리 몸을 텐트에 비유한다면, 골격은 텐트를 지지하는 폴, 근육은 텐트의 플라이시트와 이너텐트, 근막은 텐트의 외형이 팽팽하게 유지되도록 하는 끈으로 비유할 수 있다. 근육이 움직이는 과정에서 뭉치거나 과하게 당기거나 느슨해지는 근막의 변형이 일어나고, 이에 따라 골격의 구조도 변화한다. 그런데 무게 중심이 바뀌는 과정에서의 구조 변형만 있다면 다시 원래의 모양으로 돌아올 수도 있겠지만, 같은 동작이 반복해서 일어나고, 중력에 저항하며 곧게 서 있는 것도 어려운 마당에, 스마트폰, 컴퓨터 등을 사용하며, 혹은 교통수단의 발달로 움직임이 점차 적어지는 현상 속에 우리는 여기저기 뭉치고 결리며 틀어지는 몸을 갖고 살게 되었다.

구부러지고 뒤틀린 몸에는 험난한 인생이 담겨 있다

몸의 뒤틀림은 대사의 저하로, 순환 장애로, 체력 저하와 만성 피로로 몸의 움직임에, 한 사람의 삶에 영향을 준다. 유난히 까칠한 사람, 자기 방어가 심한 사람, 주어진 삶의 과제에 능동적으로 대응하기는커녕, 한참을 주저앉아 고민만 하다 포기하는 사람의 신체는 유난히 틀어져 있을 가능성이 높다. 평생 동안 틀어져 있는 몸을 지탱하느라, 통증과 불편함에 쏟은 에너지만큼의 힘을 꿈과 이상을 실현하는 데 쓰지 못한 탓이다. 인간의 신체는 이성 능력, 육체적 능력, 욕구하는 부분이 통일체를 형성하는 존재의 실체다.[24] 디스크 질환을 갖고 있는 사람은 운동을 주저한다. 운동뿐 아니라 격한 움직임을 요구하는 삶의 과제에 있어서도 주저한다. 내 신체가 보내는 통증의 신호는 오롯이 자신의 문제이기 때문에, 타인의 온전한 공감이나 배려를 기대할 수 없다. 배려받는다 해서 통증이 없어지는 것도 아니다. 따라서 통증을 지닌 사람은 타인의 접근이나 개입에 방어적일 수밖에 없다. 이렇게 보낸 시간의 누적은 그 사람의 성격이나 정체성에도 영향을 미친다. 즉 성격이나 정체성은 다양한 신체적 불편함을 안고 사는 삶에서 드러나게 된 후행 변수라고 볼 수 있는 것이다. 까칠하고 방어적인 성격을 가진 사람들은 삶이나 관계에서 맞부딪치는 문제를 고민할 때 자신의 성격이나 정체성을 탓한다. 어딘지 불편해서 불편함을 표현하는 삶을 살게 되었는데, 불편한 것을 해결하려는 시도 이전에 표현하는 행동과 태도를 틀어막는 식이다. 마음챙김, 명상, 숱한 자기계발서에서 말하는 태도나 기술 등의 주제가 많은 이들에게 사랑받는 이유도 이 때문이다. 그러나 이러한 시도는 언제나 일시적이다. 오랜 시간 동안 나도 모르게 틀어지고 뒤틀린 몸이 보내는 불편함의 신호를 알아차리고, 몸을 가다듬고 바로 세우기 위한 의식적 노력이 필요한 상황에서, 표면적인 말의 기술, 마음의 기술을 아무리 배워봤자 본질적인 불편함은 해결되지 않는다. 몸의 통증을 알아차리는 바로 그 순간, 하나씩 하나씩 바로잡고 해결하려는 태도가 필요하다.

뒤틀린 몸은 대부분 잘못된 근육 사용 방법과 잘못된 생활 습관, 일상에서 자주 취하는 잘못된 자세, 태생적으로 약한 신체적 기질 특성 등이 종합적인 원인이 된다. 사람들은 대부분 자신의 몸이 많이 뒤틀려 있거나 굽어 있다는 것에 대해 어느 정도 인정하고, 그 때문에 어딘가가 불편하다는 것을 알고 있지만, 자신의 어떤 생활이 그러한 불편함을 만들었는지에 대해서는 고민하지 않는다. 그저 스마트폰 많이 보니까, 컴퓨터를 많이 하니까, 라며 내 몸이 보내는 신호를 뭉뚱그린다. 나는 현대를 살고 있고, 스마트폰과 컴퓨터를 많이 할 수밖에 없으니 아플 수밖에 없겠지, 하는 식이다. 나는 내게 상담을 의뢰한 사람과 만나 운동심리학에 기반을 둔 멘탈 코칭을 진행할 때, 첫날에는 간단한 체력 테스트와 함께 자세를 체크한다. 자세를 체크할 때면 사람들은 하나같이 "선생님, 저 여기저기 많이 틀어져 있죠?", "저 정말 몸이 엉망일 텐데…."라며 막연하게 걱정하거나, 심지어 "저는 왼쪽 어깨가 올라가 있다고 하더라고요.", "저는 오른팔이 더 긴 것 같아요."라며 자신의 뒤틀림을 당당하게 얘기하기도 한다.

'몸이 왜 이렇게 틀어졌을까요?' 이 질문의 답을 조금이라도 구체적으로 말할 수 있는 사람은 그리 많지 않다. 그냥 "스마트폰 많이 쓰고 컴퓨터 많이 하니까 그런 거 아닐까요?", "오른손잡이라서 그런가 봐요." 정도의 답변을 가장 자주 듣곤 한다. 그런데 다 같은 현대인이라도 틀어진 정도와 불편함의 정도, 그리고 통증에 대응하는 방식은 제각각이다. 통증과 불편함, 대응하는 방식이 모여 당신의 성격이 되고, 정체성이 된다. 당신의 성격과 정체성은 당신의 삶에 주어진 다양한 문제들을 해결하는 하나의 접근 방식이다. 다시 말해, 당신의 골반이 틀어지고, 당신의 목이 거북목이 되고, 어깨가 앞으로 굽은 라운드숄더의 모습으로 사는 것은 전적으로 당신의 삶 그 자체라는 것이다. 대부분의 현대인이 겪는 문제가 아닌, 당신의 문제다. 당신의 몸을 바로 세우는 일은 당신의 삶에 대한 책임감이며, 당신이 삶에서 겪는 문제를 더 쉽게 해결하게 해주는 실마리가 된다. 이 실마리를 시작으로 당신의 몸은 더 이상 통증으로 발목을 잡는 장애물이 아닌, 당신을 더 활력 있게 하고, 삶에 의미와 재미를 더해 살아가게 하는 동반자로 변모할 것이다.

12

말과 행동에 힘이 생기는
일곱 가지 근육

뒤틀린 골격을 바로잡는 문제에 대해 사람들은 무척 어렵고 힘
든 문제로 생각하는 경향이 있다. 원인에 대해 제대로 생각해보지
않고, 자신의 불편함만 어느 정도 인지하고 있다 보니, 원인을 바
로잡기보다는 이미 시중에 널려 있는 해결책에 지레 겁을 먹기 때
문이다. 바른 자세와 몸에 대한 해결 방안이 그리 많은 것도 아니
다. 외과적 수술, 도수 치료, 그리고 필라테스나 요가 등의 재활 운
동 정도다. 외과적 수술에 대해서는 지금은 불편해도 그런대로 살
수 있는데, 만약 수술이 잘못되기라도 하면 지금만도 못할 거라는
두려움을 느낀다. 도수 치료의 효과에 대해서는 대체적으로 인정
하지만, 일주일에 한두 번씩 지속적으로 가서 치료를 받기에는 경
제적 부담이 크다고 생각한다. 필라테스, 요가 등의 재활 운동에

대해서는 처음 보는 선생님을 믿을 수 없고, 내가 직접 가서 땀을 흘리며 운동을 해야 하는 것이 부담스럽다고 생각한다.

불편한 몸을 이끌고 살아온 시간들이 쌓이면서 불편한 몸과 혼연일체가 되어버린 사람들. 그러나 훨씬 더 쉽고, 저렴하고, 아프지 않게 우리 몸을 바로 세우는 방법이 있다. 바로 근력 운동이다. 우리 몸을 세우는 근육을 제대로 쓰는 것은 결코 어렵거나 부담스러운 일이 아니다. 소소한 근력 운동을 통해 휘어지고 틀어진 몸의 지지대를 세우면, 골격은 자연스럽게 제자리를 잡는다.[25] 뼈는 근육이라는 바다 위를 떠다니는 배와 같다. 팔과 다리의 좌우 길이가 다르거나, 어깨가 과도하게 솟아 있거나, 허리가 구부정한 것은 결코 뼈의 문제가 아니다. 그러나 틀어진 몸의 작용으로 관절 마디마디, 근육 여기저기에 통증이 생기고 염증이 생긴다. 체형 교정은 근육 간 힘의 균형을 잡아 중력에 가장 효과적으로 대응하고 내부의 대사를 원활히 할 수 있도록 바른 움직임을 더하는 것을 의미한다. 과도하게 긴장한 부위를 적당히 이완시키고, 반대쪽의 긴장 때문에 당겨지느라 이완된 곳에 적당한 조임을 주어 뼈와 근육의 자리를 다시 잘 맞추면 만성적인 통증은 자연스럽게 사라지고, 놀랄만큼 피로가 줄어들며 마음이 편해지는 것을 느낄 수 있다. 이른바 건강한 신체에 건강한 정신이 깃든다는 것은 고금의 진리다.

텐트를 칠 때 먼저 이너텐트의 휘거나 푹 꺼진 부분을 당겨 바로 세우고, 플라이시트의 가림막 모양을 제대로 잡으면서 폴의 위치를 바로잡는다. 바람이 불거나 비가 내려 텐트의 무게 중심이 이동했을 때도 이너텐트와 플라이시트를 바르게 조정하면 금세 원래대로 돌아온다. 텐트가 몸이라면, 플라이시트와 이너텐트는 몸을 제대로 지지하고 바로 세우는 근육이다. 텐트와 마찬가지로, 몸을 바로잡을 때도 큰 근육의 쓰임을 바로잡고, 큰 근육에 연결된 소근육을 다잡는다. 이 장에서는 근육의 움직임을 바로잡아 골격을 바로 세우고, 나아가 험난한 삶을 적극적으로 살아나갈 몸 챙김의 여러 가지 운동을 제시하고자 한다. 소소하게, 하루 15분이면 충분하다. 삶이 그러하듯, 이 장에서 제안하는 운동들은 한 번에 얼마나 큰 효과를 보느냐보다, 하루 단 15분이라도 바른 움직임을 얼마나 꾸준히 반복하느냐에 성패가 달려 있다. 등 근육 → 기립 근육 → 엉덩이 근육 → 가슴 근육 → 팔 근육 → 허벅지 근육 → 코어 근육 순서로 알아볼 것이다.

근육 1

안정감과 자신감을 만들어주는
등 근육

등지지 말고 등 대고 살자.
치명적 매력은 앞태보다 뒤태에서 나온다.
앞태는 화장, 위장, 변장, 가장, 치장이 가능하지만 뒤태는 아니다.
등 근육을 단련해야 등 대고 살아가는 기반을 마련한다.

요람 위에 얌전히 누워 있던 아기가 갑자기 얼굴이 빨개지도록
울어댄다. 어디가 불편한지 계속 몸을 뒤틀며 버둥거린다. 아기 엄
마의 입장에서도 아이를 낳고 키워본 게 처음이라 아기가 원하는
바를 대번에 알아차리기 어렵다. 기저귀를 살피고, 젖병을 물리고,
좋아하는 장난감을 눈앞에 흔들어도 아기는 요지부동이다. 이내

엄마는 아기를 끌어안고 등을 토닥인다. 아기는 이내 울음을 그치고 잠잠해진다. 사랑하는 사람을 끌어안을 때도 양팔은 상대의 등을 온전히 감싸 안는다. 위로가 필요한 이에게 어깨를 빌려줄 때, 자신도 모르게 한 팔은 그의 등을 토닥이고 있다. 등은 그렇게, 위로와 안도를 가장 빠르게 느끼는 신체 부위다. 타인의 도움으로 위안을 받지 못하더라도, 우리 등 근육은 우리 몸에서 어깨를 펴고 폐와 심장이 공간을 넓게 확보할 수 있도록 상체를 뒤에서 단단히 잡아주는 기능을 하며 바른 자세를 유도한다. 그렇기 때문에 근육을 공부할 때 상부, 중부, 하부로 나누어 보아야 할 정도로 체내 근육량이 많은 부위이기도 하다. 흔히 잘못된 밸런스로 운동을 하는 사람들이 가장 많이 겪는 케이스가 가슴 근육만 발달하고 등 근육은 제대로 잡혀 있지 않은 경우다. 이 경우, 흔히 말하는 어깨가 앞으로 말린 '어깨 형님' 자세를 하게 된다. 팔과 가슴의 힘이 아무리 세더라도 등 근육이 제대로 잡히지 못해 자신의 어깨를 넓게 펼 수 없는 상태에서는 주변의 힘에 의존할 수밖에 없다. 신기하게도, 그래서 주변의 힘에 쉽게 흔들리는 사람들은 코어와 등이 약하다. 어깨를 펴고 바른 자세로 생활하는 습관을 몸에 들이는 것만으로도 등 근육은 여간해서는 무너지지 않는다. 그러나 자신의 바른 자세가 무너지는 순간—외부의 힘에 쉽게 영향을 받고, 스스로 자립해서 살아가려는 힘이 약해지는 순간—등 근육은 무너지기 시작한다. 등 근육은 정면에서 두드러지지 않지만, 일상에서 딱히 쓸 일 없는 근육으로 취급받지만 험난한 인생에서 나를 세우는, 움츠러든 어깨를 펴게 하는, 나를 소중히 하고 세상에 당당히 맞서게 하는 중요한 근육이다.

자신의 등 근육이 제대로 잡혀 있는지를 확인해보자. 주변에 벽이 있다면 편하게 등을 기대어 서보자. 양어깨 끝이 벽에서 튀어나와 살짝 말려 있다면, 턱이 허공으로 솟아 의식적으로 당겨야 한다면, 날개뼈와 벽 사이에 틈이 생긴다면 당신의 등 근육은 보강이 필요한 상태다. 등 근육이 제 기능을 다하지 못하면 폐의 공간이 좁아져 호흡이 얕아진다. 얕은 호흡으로는 운동뿐 아니라 일상에서의 작은 움직임—지하철역의 계단을 오르내린다든지, 30분 정도 빠른 걸음으로 걷는다든지—을 할 때에도 쉽게 지친다. 산소 공급이 원활하지 못하다는 것은 날숨으로 노폐물이 제대로 배출되지 못한다는 뜻이기도 하다. 체지방이 분해되는 대사는 대부분 호흡으로 이루어진다. 따라서 등 근육의 부실함은 불필요한 체지방이 몸에 쉽게 쌓이는 체내의 구조적인 환경을 유발하기도 한다. 숨을 크게 마셔보자. 폐가 팽팽하게 늘어나도록, 숨을 힘껏 들이마서 보자. 등 근육이 경직되어 있다면, 숨을 크게 마시기 이전에 등이 갑갑하다고 느낄 것이다. 그러나 몇 번 크게 호흡을 거듭하다 보면 등의 경직이 풀어지고, 가슴이 열리는 느낌이 든다. 등의 긴장이 풀어지면 어깨와 뒷목으로 이어지는 근육까지 이완이 된다. 숨만 잘 쉬어도 바른 자세의 편안함과 함께 몸과 마음이 이완되는 것을 느낄 수 있다. 심지어 글을 읽으면서도 할 수 있다. 눈으로 글씨를 따라 읽어가며, 어깨가 들썩거리거나 가슴이 위로 들리지 않도록 의식적으로 주의하면서, 갈비뼈 사이사이가 늘어난다고 상상하며 등을 크게 늘릴 수 있도록 코로 숨을 들이마셔 보자. 천천히, 뭉쳐진 등 근육 사이사이가 늘어나며 갈비뼈 안쪽 공간들에 여유가 생길 수 있도록, 크게 마신 숨을 머금은 채로 호흡을 멈추어 보자. 이때 호흡을 멈추기 위해 온몸에 힘이 들어간다면 당신의 등 근육이 충분히 이완되지 않았다는 뜻이니 더 이상 억지로 숨을 참지는 말자. 대신 서서히 코로 숨을 내쉬어보자. 몸과 마음의 변화를 감지하면서 천천히 몇 번 호흡을 거듭해보는 것이다. 만일 당신이 누워서 호흡을 따라 하고 있다면, 스르르 잠이 올지도 모른다. 등 근육은 바로잡는 것만으로도 지친 몸과 마음에 안정감을 줄 수 있다. 당신이 만일 앉아서 호흡을 따라 하고 있다면, 최대한 등받이에 날개뼈와 어깨 끝을 밀착한 채로 호흡을 해보자. 가능하다면 매일 피로감이 느껴질 때마다 10분 이상 호흡을 하며 안정을 취해보는 것도 좋다. 좋아하는 클래식이나 뉴에이지, 인스트루멘털 재즈 음악을 10분 정도의 러닝타임에 맞춰 틀어놓고 호흡을 하면 시간이 금방 가면서도 이완 효과를 배로 챙길 수 있다. 그동안 인생의 무게를 홀로 버티느라, 어깨에 짊어진 무거운 짐을 감당하느라 쪼그라들고 무너진 등에게 새 활력을 주자. 아무도 나를 토닥여주지 않을 때, 내가 나의 등을 셀프로 토닥여줄 수 있는 방법은 밖이 아니라 안에서 숨과 함께 기운을 넣어주는 것이다. 운동의 기본기는 바른 호흡법에서 시작한다. 어떤 동작을 하든, 등이 바로 서야 목적한 자세가 정확하게 나오고, 운동 효과와 효율이 높아진다.

갈등하던 등 근육과 화해하다

앞만 보며 사는 우리는 등 근육을 직접 관찰할 수 없다. 나를 바르게 세워주는 근육임에도 제대로 볼 수 없기 때문에 비뚤어져 있는지, 굽어 있는지, 휘어져 있는지를 알기 어렵다. 바닥에 양반다리로 앉아 눈을 감고 몸을 똑바로 세우려 노력해보자. 가능하다면 옆에서 타이머를 걸어놓고 사진을 찍어보아도 좋다. 눈을 떴을 때 상체가 앞으로 숙여져 있다면 등 근육이 뒤에서 당신을 제대로 잡아주지 못하고 있는 것이다. 자주 등이 뭉치고 결리거나, 양손으로 천천히 큰 원을 그리며 어깨를 크게 돌려보았을 때 불편함이 느껴진다면 등 근육은 제대로 기능하지 못하고 있는 것이다. 평상시 호흡이 얕고 이따금씩 심호흡으로 숨을 쉬어야 시원하다고 느껴진다면 등 근육에 불균형이 있거나 뭉쳐 있을 가능성이 높다. 현대인들은 늘 앞을 보고, 앞으로 나아가려 한다. 빠르게 변화하는 세계와 정보에 조금 더 가까이 다가가려는 신체 움직임이 몸에 담긴다. 대다수의 정보는 눈으로 파악하기 때문에 눈은 정보를 제공하는 매체에 조금 더 다가간다. 자연스레 선 자세에서 눈과 가슴이 앞으로 튀어나온다. 이때 머리와 가슴을 제대로 잡아당기는 근육이 등 근육이다. 하지만 정보에 다가가려는 의지는 몸의 항상성을 이긴다. 한두 번쯤 등 근육은 무의식적인 기지개로, 혹은 피로감으로 당신에게 신호를 보냈을 것이다. 당신은 이를 알아차리지 못하고 등 근육과 갈등을 거듭했고, 결국 등은 파업을 선언해버렸다. 그렇게 당신의 자세는 머리와 가슴이 튀어나오고 어깨가 안으로 말려버린, SF 영화 속 외계인을 닮아간다.

무너져버린 자세가 일상의 시간에 거듭 쌓이면, 미닫이문을 밀거나 당겨서 여는 기능을 하는 능형근, 등 표면을 뒤덮고 있는 승모근이 지나치게 늘어나버린다. 본래는 적당히 당겨지며 밀고 당길 때, 무거운 물건을 들어 올릴 때 가슴과 코어, 팔과 다리를 보조하며 바른 자세를 유지해 부상을 당하지 않도록 도와야 할 등 근육은 늘어나버린 채 제 기능을 하지 못한다. 현대인이 자기 몸무게 정도의 무게를 들거나 끌기 어려워하는 것은 이 때문이다. 등 근육이 제대로 펴지지 못하면, 몸 전체로 힘을 써야 할 상황에서 팔과 다리의 근력만 겨우 사용할 수 있게 된다. 최신 기종의 스마트폰을 사서 문자 기능만 사용하는 격이다. 아무리 비싼 스마트폰이라도 사용법을 제대로 알지 못하면 벽돌만 못하다. 당신의 몸값은 얼마인가? 당신 스스로의 가치를 얼마로 책정하고 있는가? 그 정도의 가치만큼 스스로를 잘 사용하고 있는가? 많은 정보를 탐색하고 일에 대한 성과를 생각하느라 바쁜 사람일수록 안정감과 휴식, 밸런스가 필요하다. 등 근육은 밸런스를 잡아주는 중요한 근육이므로 스스로를 소중히 하고 싶다면 등 근육과의 갈등을 심화시키는 무너진 자세에서 벗어나는 것부터 해보자. 스스로의 자세를 체크하고, 의식적으로 양어깨 끝이 뒤에서 가깝게 모인다는 느낌으로 어깨와 가슴을 펴보자. 겨드랑이 아래쪽에 힘을 주며 등을 척추 가까이로 모아보자. 늘어난 등 근육을 의식적으로 수축시켜 앞과 뒤의 밸런스를 맞춰보자.

온몸의 자세를 바로 서게 하는

등 스트레칭

등 근육은 몸의 뒤에서 자칫 앞으로 쏟아질 수 있는 근육과 장기를 잘 당겨 중립을 유지할 수 있도록 한다. 따라서 늘 앞만 보며 살아가는 현대인들에게 수시로 챙겨야 할 단 하나의 스트레칭이 있다면, 바로 등 스트레칭일 것이다. 온몸의 자세를 바로 서게 하는 이 스트레칭은 창안한 의사의 이름을 따서 브루거Brugger 운동이라 부르기도 한다.

1 앉은 자세에서 허리를 세우고 가슴을 편 후 턱을 당긴다.

2 팔을 내리고 손바닥을 하늘 방향으로 둔다.

3 팔을 바깥쪽으로 회전하면서 날개뼈를 뒤쪽 아래로 모은다. 이때 겨드랑이에 힘을 주면서 팔꿈치를 고정해준다.

4 최대한 어깨를 아래로 내려 승모근이 으쓱하지 않도록 주의하면서 양팔을 아래로 내려준다.

5 1~4를 수시로 반복한다.

등지지 말고 등 대고 살자

앞과 뒤는 해부학에서 사람의 신체 부위를 구분하는 중요한 기준선이다. 그러나 삶에서 더 많은 주목을 받는 곳은 역시 앞모습일 것이다. 당신은 당신의 뒤태에 얼마나 관심이 있는가? 뒤태에 관심을 두고 관리를 하는 이들에게도 등 근육은 외향적으로 드러나는 하나의 모습에 지나지 않을지 모른다. 우리는 일반적으로 정면으로 만나는 상대에게 신경을 쓴다. 그러나 가장 치명적인 맥락은 우리의 뒤에 있기 마련이다. 우리는 맥락을 놓치고 눈앞의 대상에만 급급해 근시안적인 태도로 살아가다 큰 시야를 놓친다. 작은 것만 바라고 쫓아가다 보면 등 뒤로 펼쳐지는 수많은 기회의 파노라마를 제대로 볼 수 없다. 앞만 신경 쓰고 뒤는 신경 쓰지 못해서 생긴 수많은 시행착오들은 당신의 등 뒤에서 제대로 챙겨지지 못한 채 어지럽고 위태롭게 쌓여만 간다. 등 근육을 단련한다는 것의 의미는 우리 몸의 앞면뿐 아니라 뒷면의 밸런스를 맞춘다는 것이다. 눈앞에 드러나는 수많은 의미와 상징에 정신을 빼앗기지 않고 내가 속한 배경 속에서 중심을 잡는 것이다. 등 근육은 대부분의 운동에서 강도, 속도, 정확성, 민첩성에 영향을 준다. 머리를 중심으로 하는 근육 움직임의 연쇄 작용 속에서 밸런스를 잡아주는 것은 대부분 등 근육이 하는 일이다. 삶은 생계를 위해 해야만 하는 일과, 이상과 꿈을 좇아 하는 일의 균형을 잡아가는 과정 속에서 성숙된다.

인식의 세계 속에서 일어나는 빠른 상상력을 몸은 결코 같은 속도로 따라가지 못한다. 그러나 인간은 이상을 꿈꾸는 유한한 존재이기 때문에, 이상이 이끄는 수많은 삶의 숙제를 이뤄내려 애쓴다. 그 과정에서 조급함은 시야를 좁게 만들어 앞만 바라보다 뒤에서 허를 찔리는 독으로 작용한다. 당신은 따뜻한 가슴으로 세상에 나아가 늘 삶과 진검승부를 펼쳐왔지만, 그와 관계없이 삶이 가진 본질적 외로움은 등 뒤에서 당신을 찾아온다. 이때 크게 심호흡하며 단단하고 균형 잡힌 등과 가슴으로 외로움을 끌어안고 당신만의 방법을 찾아 삶의 문제를 해결할 수 있다면, 당신은 팔과 다리만이 아닌, 온몸에 적절하게 힘을 배분하여 보다 수월하게 문제를 해결할 수 있다. 당신이 당신의 등을 건강하게 챙길 수 있다면, 타인에게 등을 보이는 일이 두렵지 않을 것이다. 오히려 어려움을 겪고 있는 누군가에게 단단하게 균형 잡힌 등을 내주며 여기에 기대라고 말할 수 있을 것이다. 이는 단순히 몸을 기댈 등을 빌려주는 것이 아니다. 대상과 맥락의 연관 관계를 균형 있고 깊이 있게 바라보는 시선을 빌려주는 것이다. 그렇게 다른 사람과 함께 등 대고 살아가는 삶을 원하지 않는가? 앞모습만 신경 쓰지 말고, 내 등이 뒤에서 날 굳건하게 받쳐줄 수 있도록, 내 등 근육에 관심을 주자. 그리고 크게 호흡하며 등 근육과 만나보자. 뭉치고 쑤시고 결리는 등 지쳐 있는 와중에도 결국 밸런스를 맞추어 지친 당신의 든든한 '빽'이 되어준 등 근육에게 활력을 주자.

근육 2

몸의 처음과 끝을 책임지는
기립 근육

중심을 잃으면 사심이 생기기 시작한다.
기립 근육과 코어 근육을 단련해야 자립해서 난국을 버텨낸다.
기립 근육과 코어 근육이 부실하면
인생이 구부정해져 중심을 잃고 무너져버린다.

"꼬부랑 할머니가/ 꼬부랑 고갯길을/ 꼬부랑 꼬부랑/ 넘어가고 있네." 한태근이 작사 작곡한 〈꼬부랑 할머니〉라는 동요다. 타인의 굽은 등허리를 보며 명랑한 노래를 부르는 것은 어쩐지 아이러니하다. 몸은 쌓여온 역사를 반영한다. 숱한 세월을 겪어내며 꼬부라진 등허리는 자신을 바로 세우기엔 너무 무거웠던 삶의 무게를 반영하는 것일까.

가는 세월을 막을 수도, 흐르는 시냇물을 멈출 수도 없다. 몸의 구조가 바뀌면 몸의 이곳저곳에 이상 신호가 복합적으로 나타난다. 여기저기 쑤시고, 결린다. 여기저기 아프니 중심 잡기도 어렵고, 이곳저곳이 힘드니 힘듦에서 오는, 자신을 이렇게 몰아붙인 인생에 대해 원망 어린 사심도 생겨난다. 노화는 어찌할 수 없다. 그러나 노화로 오는 병증 이상의 합병증은 대비할 수 있다.

한번 문제가 생겨버린 척주기립근, 다열근, 척추디스크 등은 쉽게 낫지 않는 경우가 많다. 세월의 무게가 축적되어 만성화가 되어버린 경우에는 더욱 그렇다. 그러나 질곡의 세월을 겪은 모든 할머니가 꼬부랑 허리로 늙어가는 것은 아니듯, 굽은 허리가 인생의 유산이 되지 않으려면 삶의 무게를 효과적으로 들어 올리도록 척주기립근을 단련할 필요가 있다. 같은 무게라도 누군가는 힘겨운 짐으로, 누군가는 몸을 단련하는 덤벨로 받아들인다. 거세게 내리누르는 삶의 중력을 누군가는 그저 수동적으로 몸에 싣고 하루하루 꾸역꾸역 버틴다. 그러나 누군가는 삶의 중력을 단련의 도구로 삼아 곧고 단단해진다. 밸런스가 잘 잡힌 몸으로 삶의 중력을 지지하는 사람의 면모는 믿음직스럽다.

척추동물은 정자와 난자가 만나 세포 분열을 이루면서 복잡다단한 신경망과 체내 조직이 순차적으로 형성된다. 하나의 세포에서 배아로 모습이 바뀌는 과정에서 가장 먼저 눈에 띄게 드러나는 건 머리와 척추뼈들이 기둥을 이뤄 서 있는 척주다. 일반적으로 척추뼈가 서로 연결되어 기둥처럼 이어진 전체를 '척주', 그리고 척주를 이루는 하나하나의 뼈를 '척추'라고 한다. 척주를 따라 온몸의 신경다발들이 지나가며 뇌의 신호를 몸에 보내고, 몸의 감각을 뇌에 보낸다. 척주가 바로 서지 않으면 온몸의 자세와 신호가 틀어지는 이유는 말 그대로 척주가 우리 몸의 기둥이기 때문이다. 모든 척추동물은 척추가 있지만, 직립보행을 할 수 있는 건 오로지 인간뿐이다. 때문에 인간은 태어나서 필연적으로 '목 가누기'를 한다. 여러 배냇짓 중 목 가누기는 직립하는 존재로서, 양 손과 발을 자유롭게 사용하는 삶을 살겠다는 의지의 표현이다. 막 태어난 아기의 척주는 커브가 없지만, 필사적으로 무거운 머리를 자꾸 들어 올리는 움직임을 통해 무게 부하를 최대한 줄일 수 있는 '럼버 커브'를 척주에 만든다. 럼버 커브는 척주와 주변 근육의 발달로 허리 뒤쪽에 무거운 머리를 지탱하기 위해 생기는 S 라인의 커브를 말한다. 태아의 뼈가 형성될 때 척주는 평평한 C 모양을 이루는데, 성장 과정에서 직립을 하기 위해 무게 중심이 안정적으로 잡히도록 S 형태의 커브를 후천적으로 만들어내는 것이다. "생후 몇 개월이 되면 옹알이를 하고 머리를 자꾸 드는 연습을 해서 이 럼버커브를 만들어가죠. 선천적으로 없는 것을 억지로 일으키는 겁니다."[26] 고전평론가 고미숙이 《읽고, 쓴다는 것, 그 거룩함과 통쾌함에 대하여》에서 도올 김용옥의 《주역 계사전 강의록》을 인용하며 써 내려간 이 문장은 마치 인간의 숙명에 대해 말하는 것 같다. 없는 것을 억지로 일으키며 바로 서는 것. 자신의 머리를 들어 올리는 것조차도 후천적인 노력이 필요한 것이다. 일단 허리를 잘 세워 머리를 가눌 수 있게 되면, 손발이 자유로워지고, 손발이 자유로워지면 그를 통해 자신만의 세계를 구축할 수 있게 된다. 유명한 니체의 비유를 인용하자면, '너는 해야 한다'는 외부의 압박에 굴복하여 낙타로 살아가는 정신이 진정한 자유를 강탈해내기 위해 강인한 사자를 거쳐 순진무구한 어린아이가 되는 변화의 과정을 거친다고 한다.[27] 이 과정에 필자는 '직립'의 의미를 더하고 싶다. 허리를 잘 세우지 못하면 다른 사람의 요구에 몸을 숙이고 주어진 일을 수동적으로 수행하느라 허리가 굽어버린 사람이 된다. 허리가 굽는 일을 하며 존중받기란 쉬운 일이 아니다. 이미 내가 내 허리를 기꺼이 굽혀버렸기 때문이다. 그래서 허리를 바로 세운다는 것은 내가 나를 존중한다는 것을 의미한다. 우리는 성장하는 과정에서, 그리고 새로운 사회를 만나 사회생활을 시작하는 입장에서 허리를 굽혀야 하는가, 그렇지 않은가를 고민할 만한 상황과 환경에 노출된다. 그리고 안타깝게도 제대로 된 존중을 가르치는 곳은 그리 많지 않다. 인간으로서 대체 불가능한 존재임이 마땅한데도 사회는 자꾸 대체 가능성을 들이민다. 너무 많은 경쟁자들, 너무 많은 충족해야 할 조건들, 그리고 가진 것이 너무 없는 나. 엄기호는 《고통은 나눌 수 있는가》에서 이 시대의 사랑이 도통 자신이 사랑하는 사람을 '존재 자체'로 대하는 법을 모르고 있다고 지적한다.[28] 시대의 사랑이 존중을 모른다고 할 때, 시대 탓을 하기보다 내가 나의 척주를 바로 세우고 나부터 나를 존중해야 한다. 세상에 나를 맞추다 보면 요구 사항은 한도 끝도 없다. 나는 묵묵히 맞추고 있는데 세상은 맞추는 것에 대한 노고를 보고 있지 않다. '더, 더 많이! 더, 더 빨리! 더, 더 잘!'을 요구한다. 이때 무엇을 위한 '더'인가는 오로지 내 척주가 결정해야 한다. 우물쭈물하는 사이, 우리 등허리를 꼬부랑으로 만들 수는 없지 않은가. 남의 짐을 짊어지겠다고 필사적으로 여린 목에 힘을 주어가며 목 가누기 배냇짓을 한 것은 아니지 않은가. 그렇다면 척주를 바로 세우려면 어떻게 해야 할까?

척주와 신경을 둘러싼 수많은 근육 중에서도 척주기립근은 세가지로 나뉘어 목에서부터 엉덩이까지 연결되어 있다. 척주 안쪽부터 가장자리 쪽으로 가시근, 가장 긴 근, 엉덩갈비근을 통틀어 우리는 '척주기립근'이라고 한다. 이 세 근육은 네 개 이상의 척추뼈에 걸쳐 척추와 척추를 잇고 있다.

척주기립근은 척주를 펴는 데 주요한 기능을 한다. 척주를 펴기 위해서는 배 근육이 함께 작용해야 하므로 허리를 세울 때는 배와 골반, 허리 등에 골고루 힘을 쏟아야 한다. 자신의 척주기립근을 직접적으로 느끼기는 쉬운 일이 아니지만, 당신이 이 책을 읽으며 척주기립근의 움직임을 느껴보고 싶다면 잠시 일어서 보자. 바르게 선 자세에서 한쪽 다리를 뒤쪽으로 들어 올리며 들어 올린 쪽 다리의 손으로 척주를 만져보자. 어느 시점에 척주가 움직이기 시작하는지 살펴보고, 지지한 다리의 무릎을 조금 더 구부린 채로 다리를 뒤쪽으로 움직이며 척주의 움직임을 조금 더 느껴보자. 단지 한쪽 다리로 서는 것만으로도 척주기립근은 좌우로 움직이며 몸의 밸런스를 맞춘다. 이제 다리를 내려놓고 허리를 좌우로 비틀어보자. 정면을 바라보고 좌측으로 갈 수 있는 만큼 충분히 허리 전체를 비틀어보자. 반대로도 비틀면서 엉덩이 관절이 움직이는지, 허리뼈에서 비틀기가 시작되는지, 비틀리는 관절의 중심이 등 아래쪽 척추인지 위쪽 척추인지 세심하게 체크해보자. 만일 허리 위주로 비틀어지고 있다면 조금 위쪽의 척추를 중심으로 비틀어보고, 등 쪽의 척추 위주로 비틀어지고 있다면 허리를 신경 쓰며 비틀어보자. 척주기립근의 유연성은 당신의 허리 부하를 줄여준다.

기립 근육과 코어 근육이 부실하면 인생이 구부정해진다

아기가 목을 가누기 위해, 직립하는 존재가 되기 위해 후천적으로 혼신의 힘을 다해 해냈던 것을 다시 상기해보자. 목을 가누고 허리를 세우기 위해 해냈던 노력은 삶을 살면서 계속 이어질 필요가 있다. 처음은 그저 머리의 무게를 감당하기 위한 것이었지만, 살면서 머리는 점점 무거워지기 마련이다. 해야만 하는 일, 의무, 책임이 점점 더 많아진다. 성장할수록, 아는 것이 많아질수록 앎을 함의 영역으로 가져오는 시도가 계속되어야 한다. 자칫 리듬을 잃어버리면 알기만 하고 행하지 못하거나, 행하지 못해 앎에 손을 뻗지 못하는 삶을 살게 된다. 자신을 바로 세운다는 것의 의미는 세상이 내리누르는 '누군가는 해야 할 것들'에서 벗어나 '나만 할 수 있는 것들'의 영역에 들어선다는 뜻이다. 대체 가능의 영역에서 대체 불가능의 영역으로 삶의 범주를 바꿔서 살아간다는 뜻이다. 누군가에게 인정받기 전에, 누군가가 나를 세워주기 전에 내가 나를 세울 줄 알아야 한다. 척주기립근을 단련한다는 것은 오롯이 나의 힘으로 나를 존중하고 나를 세울 힘을 기른다는 것이다. 비록 작은 성과일지라도 내가 직접 만들어낸 성과는 체험적 지식이 된다. 체험으로 쌓아 올려 얻어낸 지식은 다른 사람을 위해서도, 나를 위해서도 성장의 자양분이 될 수 있지만, 구부정한 허리를 하고서 외부의 요구에 휩쓸려 어거지로 해낸 성과는 내 것이 되지 못한다. 힘은 썼지만 한탄과 한숨이 오가는 사연이 된다. 한 많은 사연이 많아지면 자꾸만 사연을 들어줄 사람을 찾아 헤매다 중심을 잃어버리게 된다. 사연이 많은 사람보다 좋은 인연이 많은 사람이 되자. 결국 삶의 과제는 각자의 몫이므로, 자신의 문제를 올곧은 척주기립근으로 잘 세워 올리는 사람들이 건강한 연대를 할 수 있게 된다. 중심을 잃기 전, 건강한 중심을 세워주는 인연의 손을 잡을 수 있다면 좋은 인연은 휘청거리는 코어를 다잡고 혼자의 힘으로 일어설 수 있도록 진심 어린 응원을 아낌없이 보내줄 것이다. 꼬부랑 할머니의 꼬부랑 고갯길보다는 건강한 인연들과 더불어 숲을 이뤄가며 한 걸음 한걸음, 각자의 꼿꼿한 허리로 걸어 나가는 삶이 아름답지 않을까.

중력을 보다 안정적으로 버티게 하는
척주기립근 운동

척주기립근은 척주를 펴는 데 주요한 기능을 한다. 복근과 함께 배와 골반, 허리를 바로 세워 자세를 바르게 하면 몸의 중심이 안정을 찾고, 몸무게가 하체에 고루 실리면서 척주에 실리는 부하를 덜어줄 수 있다. 중력의 영향을 받는 존재로서 척주의 밸런스를 맞출수록 우리 몸은 더욱 안정성을 띄고 자유로워진다.

1 양발을 어깨 너비로 서서 시선은 정면을 향하고 허리는 아치형으로 유지한다.

2 어깨에 양손을 깍지 끼듯 해 뒤통수에 갖다 대고, 양 팔꿈치를 최대한 벌려 가슴을 중립에 맞춘다.

3 무릎을 약간 굽히고 시선은 정면을 보면서 인사하듯 천천히 90°로 허리를 굽힌다.

4 척주기립근에 저항을 느끼며 천천히 원래 자세로 돌아온다.

5 천천히 12회를 한 세트로 두고 다른 운동(스쿼트, 데드리프트 등)과 병행하여 2~3회 시행하면 척주기립근 스트레칭뿐만 아니라 엉덩이, 허벅지 근육까지 단련할 수 있다.

흔들릴 때 중심을 잡고 닻을 내려주는
엉덩이 근육

엉덩이가 부실할 때 잔머리에서 엉뚱한 생각이 시작된다.
애간장을 녹이려면 애플힙을 만들어라.
엉덩이 근육이 튼실해야 중년 이후의 삶이 망가지지 않는다.

갓 태어난 아기의 엉덩이에는 몽고반점이 있다. 특히 멜라닌 색소가 많은 동양인에게서 흔히 나타난다. 우리나라 삼신할머니 설화에서는 아기가 태어날 때 삼신할머니가 아이의 탄생을 축하하며 잘 살라는 의미로 엉덩이를 때려서 몽고반점이 생겼다고 한다. 그런데 왜 하필 삼신할머니는 엉덩이를 때렸을까? 엉덩이 근육의 상부와 하부는 상체와 하체의 경계에 있다. 상체는 우리 몸에서 균형과 밸런스를, 하체는 기동성과 추진력을 담당한다. 엉덩이는 그 사이에서 균형, 밸런스, 기동성, 추진력을 모두 관장하는 위치에 자리하고 있다. 그야말로 몸의 가장 핵심이 되는 중심에 자리하고 있는 것이다. 즉 '잘 살라'는 메시지를 전하기 위해 삼신할머니가 때린 엉덩이 근육은 우리 몸의 중심 근육이라고 할 만한 위치에 있다. 삶은 태어나는 시점부터 죽는 시점까지의 사이에서 일어나는 모든 사건과 사고다. 그래서 삶은 태어나는 시점과 죽는 시점 사이의 시간時間, 태어나는 곳에서 죽는 곳 사이의 공간空間을 어떻게 쓰느냐에 좌우된다. 한 사람으로 태어나 살아가는 시간과 공간의 궤적 사이에서 이리저리 움직이고 진득하게 고민하는 흔적 속에 엉덩이 근육은 중심을 잡기도, 몰입을 서포트하기도 한다. 삶의 여정에서 이리저리 방황하는 사이, 발걸음을 옮길 때마다 몸은 양다리를 교차해 번갈아가며 몸무게를 지지한다. 이때 한 다리로 서서 몸무게의 중심을 다른 다리에 싣는 무게 중심의 이동이 생겨난다. 이는 걷는 움직임에서 가장 불안정해지는 순간이기도 하다. 이때 엉덩이 근육은 당신이 휘청거리지 않도록 무게 중심을 잡아주는 역할을 한다.

엉덩이 근육이 부실하면, 제대로 중심을 잡을 수 없다. 걷기에서 한 다리로 서는 순간은 매우 짧은 찰나처럼 느껴지지만, 때로 삶에서는 한쪽 다리를 들어 올렸는데 어디에 내려놓아야 할지 몰라 남은 한 다리로 오래 버텨야 하는 상황도 생긴다. 이때 휘청대거나 넘어지지 않으려고 힘을 주며 무게 중심에 힘을 싣는 근육이 엉덩이 근육이다. 중심이 이리저리 휘청대면 제대로 집중할 수 없다. 그러다 보면 본질을 끈질기게 물고 늘어지며, 삶의 코어를 다지고, 살고 싶은 지향에 맞춰 몸의 방향을 바꾸는 중심 잡기는 뒷전이 되고, 그때그때의 생존을 위해 어디로 가는지도 모른 채 겨우겨우 넘어지지 않기 위해 발을 놀리는 것이 고작인 위태로운 인생을 살게 된다. 우리는 늘 선택을 한다. 매 순간 선택을 행동으로 옮기며 잠재력을 가능성으로, 가능성을 실천으로 바꾼다. 이때 무엇이 중요한지에 집중해, 비틀거리더라도 중심을 잘 잡는 태도가 중요하다. 엉덩이 근육이 잘 잡혀 있으면 안정적으로 중심을 잡고, 방향에 몰입할 수 있는 밸런스가 생긴다. 설사 지금 잡힌 균형이 깨지고 다른 방향으로 삶의 나침반을 바꾸더라도 움직임에 따라 바뀌는 중심을 굳건히 잡는 근육 역시 엉덩이 근육이다.

애간장을 녹이려면 애플힙을 만들어라

뼈, 근육, 근막은 우리 몸을 세우고 감싸며 각자가 서로에게 영향을 주는 연결 구조를 형성하고 있기 때문에 특히 중심에서 허브 역할을 하는 엉덩이 근육의 균형은 정말 중요하다. 엉덩이 근육은 척주와도 연결되어 있고, 양 다리와 무릎에도 영향을 준다. 엉덩이 근육이 균형을 잃으면 마치 텐트의 중심 폴이 푹 꺼졌을 때 텐트 전체가 푹 꺼지듯 온몸의 균형이 뒤틀려버린다. 엉덩이 근육은 온몸의 균형을 지키는 막중한 임무를 띠고 있다. 따라서 매력적인 애플힙이 의미하는 바는 단순히 엉덩이의 모양만을 의미하는 것은 아니다. 엉덩이 근육이 중심을 잘 잡고 있으면 상체의 균형과 하체의 균형이 모두 잘 맞게 된다. 엉덩이가 탄탄한 사람은 복부의 균형이 잘 맞고, 힙과 복부가 탄탄하면 어깨와 가슴의 균형도 잘 맞는다. 애플힙은 몸의 중심에서 상체와 하체의 균형을 잡아주어 전반적으로 탄탄하고 매력적인 실루엣을 만들어낸다. 건강한 균형이 전하는 매력은 치명적이다. 애플힙이 만드는 신체적 균형은 삶의 움직임에 영향을 준다. 그래서 엉덩이 근육은 끈기와 인내를 설명하는 몸의 단서이기도 하다. '글쓰기는 엉덩이로 한다', '엉덩이가 무겁다', '엉덩이를 붙이다' 등의 표현은 한 가지 일에, 혹은 한 곳에 뿌리를 내리듯 정착해 몰입하는 형상을 떠올리게 한다. 몰입을 이끄는 엉덩이의 힘은 어디서 오는 걸까? 단순히 인내심만을 엉덩이의 힘이라 부르기는 어렵다. 하고자 하는 일을 진득하게 반복할 수 있으려면 그 자체에 즐거움을 느끼며 몰입해야 한다. 미하이 칙센트미하이 교수는 '플로우flow'라는 용어를 들어 '완벽한 심리적 몰입' 상태를 설명했다.[29]

엉덩이 근육이 만들어내는 몰입은 오랜 기간 동안 연마해온 기술을 통해 얻게 되는 노력의 산물이자, 삶의 난관에 더 잘 대처하는 기술이다. 몰입이 즐거워지려면 균형과 체력이 동시에 받쳐줘야 한다. 이른바 자신이 하고 있는 행위를 진심으로 즐거워하며 끊임없이 반복하게 하는 힘이 균형과 체력을 동반한 몸과 함께 실천으로 옮기는 원동력이다. 당신의 몸은 당신이 살아온 삶의 역사를 그대로 담고 있다. 엉덩이 근육과 삶의 난관에 대한 대처가 어떤 연관성이 있는지 의문스러워할 독자가 있을지 모른다. 그러나 우리 몸의 근육은 일부러 근력 운동을 하는 시간보다 훨씬 더 많은, 당신의 일상 시간을 반영한다. 일부러 운동한 시간만 몸에 반영된다면 대부분의 사람들의 몸은 지금보다 훨씬 더 빈약했을지 모른다. 이 책의 공저자 유영만 교수가 자주 언급하는 "체력은 뇌력이다."라는 말 역시 이 같은 맥락에서 나오는 말이다. 삶의 지향과 엉덩이 근육의 방향을 일치시켜 즐거운 삶의 균형을 잘 잡는 사람은 하고 싶은 것을 진득하게 해내는 뇌력이 있는 사람이다. 엉덩이 근육은 설사 당신이 하고자 하는 일에서 난관이 있더라도 흔들리는 중심을 잘 잡고 집중해 끝까지 해내는 움직임을 경험하게 해준다. 이러한 근육의 움직임은 삶에 반영된다. 타인에게 경탄을 일으키는 애플힙은 짧은 시간 동안 이루어진 것이 아니다. 오랫동안 꾸준히 바른 자세로 살면서 근육을 써온 결과물이다. 다만 근육을 단련했던 삶의 여정은 '절제'의 여정이 아닌, 자율적으로 선택한 방향성과 그로 인해 일시적으로 흔들렸던 삶의 불균형을 기꺼이 받아들이고, 스스로 원해서 내린 선택과 결정의 여정에 즐겁게 몰입한 시간의 합이다. 그래서 드러나는 애플힙은 주변 사람들의 애간장을 녹인다. 자기의 삶에 자율을 가지고 즐겁게 몰입하는 사람이 매력적인 것은 어찌 보면 당연하지 않은가. 어쩌면 주변 사람들의 애간장뿐 아니라 스스로의 삶에 흠뻑 몰입해 자신의 매력에 애간장이 녹는, 자타공인의 매력적인 삶을 살아간다.

엉덩이로 이름 쓰기: 뒤태가 떳떳한 사람으로 성장하자

어린 시절, 친구들 앞에서의 단골 벌칙은 '엉덩이로 이름 쓰기'였다. 이름의 획수가 많은 친구는 더욱 난감해하는 벌칙. 뒤뚱뒤뚱

이름을 쓰다 보면, 내 이름 석 자가 그렇게 길 수 없었다. 그때는 왠지 부끄러웠지만, 살면서 돌아보니 인생은 어쩌면 기나긴 '엉덩이로 이름 쓰기'의 시간인 듯싶다. 내 이름에 떳떳한 행동을 더하기 위해 위태로운 시간에도 중심을 잡으려 애쓰고, 삶의 지향을 실천으로 옮기기 위해 진득하게 앉아 몰입하던 시간들은 엉덩이로 이름을 쓰는 시간들이었다. 이 글도 어찌 보면 진득하니 앉아 엉덩이로 쓰고 있다. 삶에서 겪는 위기의 순간은 늘 예상 밖에서 온다. 늘 처음 맞이하는 오늘이라 첫걸음이 조심스럽고 미숙한데, 외부에서 찾아오는 흔듦은 때로 외나무다리를 타는 중에 불어오는 비바람만큼이나 중심을 흔든다. 이때 내가 중심과 강단을 가지고 단호하게 서지 못하면 사정없이 흔들린다. 물론 흔들리든 흔들리지 않든 간에 시간은 간다. 그러나 흔들리는 시간은 고통스럽다. 인생이라는 무게 추에 엉덩이 근육을 더하면, 그 무게는 점점 묵직해진다. 무거운 무게 추의 진폭은 점점 작아지고, 이내 평정심을 찾게된다. "기껏 좋아졌다 싶었는데 몇 개월 후 비슷한 고통으로 또 다시 원점으로 돌아왔다고 느끼게 되면 어쩌죠?" 나의 명상 클래스에 찾아와 많은 부분 위안을 얻었다며 기쁜 소식을 전해오던 수강생이 두 달간의 수련 기간을 마치면서 속내를 말했다. 그에게 엉덩이 근육 운동을 가르치며 마음이 중심을 잃고 뒤흔들릴 때 한 다리로 서서 중심을 잡는 형태의 운동을 해보라는 조언을 전했다. 몸과 마음을 하나에 집중하고, 흔들리는 나를 오롯이 느끼면서 축이 된 다리와 허벅지, 엉덩이에 힘을 주는 모습. 사람은 누구나 성장한다. 조금씩 좋아지고 있다면, 다시 원점으로 돌아오는 일은 없다. 다만 성장한 나에게 찾아오는 위기의 강도가 내가 성장한 만큼 조금 더 세어졌을 뿐이다. 위기와 마주하는 경험은 오로지 나의 주관적 세계다. 응원해주는 사람은 많지만, 결국 터널을 뚫고 나와야 하는 것은 내 몫이다. 그러나 어두운 터널 속, 아무도 없다고 느낄 때 뒤에서 나를 받쳐주는 건 엉덩이 근육이다. 무섭고 불안한 가운데, 후들거리는 하체와 쪼그라든 상체의 사이에서 엉덩이 근육이 굳건히 받쳐주고 있다. 옳고 그름, 선과 악, 실수, 실패, 자책 등 우리를 뒤흔드는 인생의 비바람은 많기도 하다. 그러나 엉덩이 근육은 이 모든 기준을 초월한다. 당신의 삶이 중심을 잘 잡고 몰입에 열려 있을 수 있도록 엉덩이 운동을 하자. 인생에서의 비바람은 당신이 단단해지는 만큼 더 세어질지 모르지만, 어느 순간 엉덩이 근육도 그 모든 비바람에 의연하게 대처할 만큼 강해지는 시점이 온다.

하루 종일 앉아 있는 직장인을 위한

엉덩이 근육 스트레칭

아무리 좋은 자세라도 한 자세가 줄곧 유지되면 뭉치기 십상이다. 긴장된 근육이 고관절
과 허리의 통증을 유발하고, 뭉친 엉덩이 근육은 걸음걸이나 하체의 움직임에 영향을 준
다. 엉덩이 근육을 이완시키는 스트레칭은 주로 앉거나 누운 자세에서 하는 경우가 많다.

1 매트 위에서 다리를 뻗어 바르게 앉은
  자세로 시작한다.

2 왼 무릎을 구부려 왼쪽 발뒤꿈치를 오
  른쪽 엉덩이뼈 근처로 옮긴다.

3 오른발을 왼쪽 무릎 위로 교차시키고,
  바닥에 고정시킨다(오른쪽 발목을 왼
  쪽 무릎 바로 옆으로 붙인다).

4 왼쪽 팔꿈치를 오른쪽 허벅지 바깥으
  로 교차시키며 부드럽게 뒤틀림의 강
  도를 높인다.

5 원래 자세로 돌아온 후, 왼쪽으로 틀어
  지는 동작을 반복한다.

하루
15분
습관

안정성과 골격 지지, 부상 예방을 위한

엉덩이 근육 운동

엉덩이 근육은 움직이는 모든 행동에 관여하는 신체의 핵심 근육이다. 엉덩이 근육을 단련하면 몸의 중심을 잡아 몸을 지지하는 힘을 강화하고, 일상에서 다반사로 일어나는 낙상 등을 예방할 수 있다. 사무실이나 집에서 의자를 활용해 손쉽게 엉덩이 근육을 단련하는 운동을 소개하고자 한다.

1 의자와 어느 정도 거리를 두고 떨어져 서서 오른쪽 다리를 뒤로 뻗어 의자에 걸친다.

2 골반의 균형을 잘 유지한 상태에서 지지한 다리의 무릎이 몸무게 부하를 너무 많이 받지 않도록 엉덩이에 힘을 주고 버티며 천천히 다리를 구부려 앉았다가 빠르게 일어난다.

3 20회 반복 후, 왼쪽 다리를 뒤로 뻗어 동일한 방법으로 앉았다 일어나는 스쿼트 동작을 20회 반복한다.

근육 4

너른 가슴으로 세상을 품고 타인을 안아주는

가슴 근육

가슴 근육이 얇아지면 세상의 아픔을 받아들이는 수용력도 줄어든다.
가슴을 활짝 펴야 인생도 활짝 핀다.
가슴 근육을 단련해야 벙어리 냉가슴을 앓지 않는다.
나보다 힘든 세상을 사는 사람들의 아픔을 따뜻한 가슴으로 품어준다.

가슴 근육 하면 떠오르는 친구가 하나 있다. 딱히 운동을 즐기는 친구는 아니지만, 그가 사진에 찍히는 자세가 독특했다. 늘 양팔을 팔ᴧ자로 늘어뜨리고, 가슴을 너르게 해서 세상을 품는 듯한 포즈로 사진에 담기는 친구. 인도에서 명상을 배워왔다는 그는 왠지 만나서 얘기를 나눌 때마다 나를 편하게 안심시키는 묘한 매력이 있었다.

"프램(그의 닉네임)아, 너는 왜 항상 예수님 포즈야?"

"응? 음, 세상을 안아주고 싶은 모양이지."

"안아주는 게 뭔데?"

"쉽게 해주는 거. 잠시 기대는 거. 사랑을 나누는 거."

정말 그랬다. 하나의 몸동작일 뿐인데, 그는 사람을 쉽게 해주고, 기대게 하고, 그가 가진 사랑을 만나는 이들에게 나눠주고 있다는 생각이 들었다. 가슴과 가슴이 맞닿는 것은 어찌 보면 우리 몸의 에너지 센터, 생명의 근원인 심장을 맞닿게 하는 행위다. 서로를 소중히 여기고 진심으로 귀하게 여길 때만 상대를 가슴으로 안을 수 있다. 상대를 가슴으로 안아준다는 것은 서로의 생명력을 나눈다는 의미다. 그렇게 세상을 안아준다는 프램은 어깨에 힘을 풀고 양팔을 편하게 늘어뜨리고 가슴을 살짝 뒤로 뺀 자세로 가슴 근육이 최대한 이완된 모습을 하고 있었다. 그래서인지 누군가를 안아줄 때 너른 쉼을 줄 수 있을 것만 같았다. 실제로 그는 명상 클래스에서 사람들이 고민을 편하게 풀어내도록 돕는 일을 한다.

가슴은 요가에서도 '공감'을 다루는 중요한 에너지 센터로, '차크라'라고도 한다. 사람의 몸에는 인체의 에너지가 모이는 중심점인 일곱 가지 차크라가 있다. 사람의 에너지와 생각(감정), 육체가 가진 에너지는 항문 – 생식기 – 배꼽 – 심장 – 인후 – 미간 – 정수리의 센터를 거쳐 순환하면서 우리가 현실을 경험하는 방식을 결정한다고 한다.[30] 이 중 가장 강력한 차크라가 바로 가슴에 위치하고 있는 심장 차크라다. 요가 이론을 인용하면, 심장에서 우리가 느끼는 강력한 감정이 뿜어져 나온다고 한다. 동정심, 조건 없는 사랑, 신에 대한 완전한 믿음 같은 것들, 혹은 불안, 실망, 외로움, 좌절 등도 심장 차크라에서 뿜어져 나오는 에너지 중 중요한 축을 차지하고 있다. 그래서인지 가슴에 관한 언어적 관용구들도 감정과 공감에 관한 것들이 많다. '가슴으로 낳다', '가슴으로 끌어안다', '가슴이 운다', '가슴속 깊은 이야기', '새가슴', '가슴을 친다', '가슴이 떨린다', '희망으로 부푼 가슴', '위풍당당한 가슴' 등이다. 가슴이 우리 몸에서 감정에 관한 역할을 담당하다 보니, 가슴 근육이 너무 팽팽하거나, 반대로 위축되어 있는 상태에서는 제대로 공감할 수 없을 거라는 논리적 추론이 가능하다. 다시 말하면, 우리가 가슴을 펴는 방식이 타인과 얼마나 교감하고 공감할 수 있는지에 대한 관계 능력을 가늠한다고 할 수 있다. 실제로 면접을 보거나 상대에게 좋은 인상을 주고 싶을 때, 우리는 용모를 단장하면서 자세를 함께 점검한다. 이때 자신감과 당당한 모습을 보이기 위해 가장 쉽게 보이는 움직임이 바로 가슴을 펴는 행동이다. 가슴을 편다는 것은 나를 당당하게 내보인다는 뜻이기도 하고, 타인을 장애물 없이 수용한다는 뜻이기도 하다. 내가 가진 가장 강력한 생명의 에너지인 심장이 있는 부위를 당당하게 보여주는 행동이야말로 자신감의 발로일 뿐만 아니라 타자를 따뜻하게 품겠다는 공감의 표시다.

심장은 한편으로는 중요한 급소이기도 하기 때문에 가슴을 펴고 나를 있는 그대로 당당하게 드러내는 것은 상당한 용기가 필요한 일이기도 하다. 그래서 때로는 용기를 가장하여 가슴 근육을 과하게 늘여서 펼치고, 배를 내민 채 거들먹거리는 자세를 하는 경우도 있다. 혹은 미관상의 이유로, 외모에 대한 관리 차원에서 가슴을 드러내는 경우도 있다. 이렇게 드러나는 가슴은 다소 일방적이다. 그래서 외모적인 목적으로 너무 과도하게 펌핑한 가슴 근육은 자연스럽지 않아 보인다. 근육 자체가 쉽게 키우기 어려운 부위인 데다, 단독으로 단련하기도 어려운 부위다. 가슴 근육은 어깨의 가동 범위를 늘리면서 충분히 이완했다가 등 아래 광배근까지 상체의 코어를 잡고 가슴을 모아가며 수축하는 동작으로 단련한다. 그러나 앞으로의 볼륨감 강조를 위한 가슴 근육 단련은 아무래도 이완보다 수축에 역점을 두고 할 수밖에 없다. 가슴 근육이 수축을 거듭하며 두터워지는 과정에서, 있는 그대로 심장을 드러내는 용기보다 허례허식, 과도한 치장의 더께가 덮인다. 가슴에서 우러 나오는 순수한 공감과 감정의 파장이 수축된 근육을 거치면서 교 감하기보다 일방적인 전달로 변모한다. 가슴의 본래 기능이 공감 과 교감인데, 일방적으로 밀어붙이다 보면 오히려 관계에서는 역 풍이 온다. 그도 그럴 것이, 가장 강한 감정들이 통하며 흐르지 못 하고 부딪치기 때문이다. 이래서는 상대에게 자극은 줄 수 있어 도, 따뜻하고 편안하게 서로 있는 그대로를 안아줄 수 없다. 그래 서 특히 가슴 근육을 단련할 때는 수축보다는 이완에 더 주안점을 두어야 한다. 상대의 감정이 내 가슴에 잘 와 닿아 담기고 내 감정 이 솔직하게 전해질 수 있도록, 가슴의 근육을 충분히 이완한다. 그리고 필요한 만큼만 진심을 임팩트 있게 전할 수 있도록 빠르게 수축한다.

가슴 근육을 이완시킨다는 것은 솔직하게 드러내기를 주저하게 만드는 이물질을 걷어내고, 상대가 내게 편히 다가와 만날 수 있도 록 가슴을 너르고 편평하게 펴는 것이다. 지금 바로 가슴을 가볍 게 펴보자. 어깨를 펴고 양팔을 들어 올린 다음, 팔꿈치를 90°로 접 은 상태로 양 손바닥이 정면을 볼 수 있도록 팔을 옆으로 편다. 팔꿈치와 손등이 내 등 뒤 가상의 벽에 바짝 붙는다고 상상하면서 팔꿈치와 손등을 뒤로 민다. 이때 가슴이 하늘로 솟지 않도록 어깨는 땅 쪽으로 지긋이 누른다. 가슴을 펼 때의 느낌은 누군가를 안아주러 간다기보다, 그 누가 안아달라며 다가와도 그의 마음을 편안하게 받아들일 수 있을 만큼 넓게 펴는 배려의 따뜻함이다. 선입견, 편견, 부담, 판단 등은 우리의 가슴을 위축시킨다. 가슴이 위축되려고 할 때 으레 몸으로 드러나는 신체 언어는 셀프 팔짱을 끼는 것이다. 팔짱 끼지 말고 팔ᐱ자로 팔과 가슴을 열어보자. 생각보다 편하다는 느낌을 받을 수 있을 것이다. 부푼 가슴은 우리를 앞으로 나아가게 하지만, 나아가 세상과 마음을 나누고 교감하며 더 큰 세상을 품을 수 있으려면, 부푼 가슴에 힘을 빼고, 넓고 큰 가슴을 갖춰야 한다. 부푼 가슴의 에너지가 세상과 통하지 못하면 가슴은 이내 답답해진다. 나누고픈 것도, 하고픈 것도 많은데 세상과 교감하지 못하는 사람들은 가슴 근육을 단련해야 한다. 세상을 품에 안고, 세상이 전해주는 이야기를 잘 받아들여서 세상에 필요한 에너지를 잘 전하도록 도와주는 근육은 역시 가슴 근육이다. 답답한 가슴을 뻥 뚫는 방법 역시 가슴 근육 운동에서 그 힌트를 얻는다.

위축됐던 가슴을 시원하게 열어주는

가슴 스트레칭

가끔씩 내가 할 수 있는 일일까 망설여지고 걱정이 될 때가 있다. 자신감 충전이 필요할 때는 가슴을 펴고 나를 있는 그대로 당당히 드러내보자. 평소 스마트폰, 컴퓨터 등으로 접혀 있던 어깨를 펴고 가슴을 펴는 순간, 자세 하나만으로 내게 필요한 자신감이 충전되는 것을 느낄 수 있을 것이다. 이 스트레칭은 벽만 있으면 어디서든 할 수 있으면서도 가슴 근육 이완 효과가 탁월하다.

1 한 팔의 팔꿈치를 90°로 접은 후 팔꿈치와 어깨가 90°를 이루도록 벽에 고정시킨다.

2 벽과 가까운 다리를 뒤쪽으로 보내며 가슴 근육을 지긋이 앞으로 민다.

3 반대쪽도 같은 방법으로 실행한다.

어디서든 할 수 있는 효과 만점

가슴 근육 운동

긴장될 때 긴장을 자신감으로 바꿔주는 마법의 근육, 가슴 근육을 단련해보자. 중요한 프레젠테이션을 앞두고 상대의 가슴에 가 닿고 싶다면, 또 당당하고 자신감 있는 태도로 자신을 타인에게 선보이고 싶다면, 가슴 근육 운동이 효과적이다.

1 다리를 골반 너비로 벌린 채 양팔을 옆으로 편다.

2 엄지손가락을 위로 한 채로 가슴 근육에 힘을 모은다.

3 입으로 호흡을 내쉬면서 천천히 팔을 모은다(4초 정도).

4 엄지손가락이 바깥을 향한 상태에서 손과 손을 마주 닿게 하고 멈춘다.

5 4의 자세에서 가슴 근육에 힘을 모아준다.

6 입으로 숨을 마시면서 천천히 처음 자세로 돌아간다(4초 정도).

7 20회 반복 후 30초 쉬는 것을 4~5세트 반복한다.

너른 가슴으로 따뜻하게 세상을 품기

편하게 안아줄 수 있는 사람이 있는가? 당신이 마지막으로 편하게 안겼던 적은 언제인가? 언젠가부터 스킨십의 개념에 민감해졌다. 특히 2020년 전 세계를 강타한 코로나 바이러스는 안 그래도 소원해진 사람들의 관계를 더욱 얼어붙게 했다. 가슴과 가슴이 맞닿는 기회는 점점 사라지고, 사람들은 그저 자신의 생각이 옳다며 갈등한다. 누군가에게 민폐를 끼치지 않기 위해 진실한 소통마저 조심스러워하는 세상이다. 삶에서 유기적인 주고받음을 통해 일어나는 포용과 성찰의 지혜는 그 터전을 잃었다. 유기적인 주고받음이 아닌, 효율과 효과를 강조한 관계가 그 자리를 대신하면서 우리는 타인의 실수에는 더욱 인색해지고, 서로가 서로에게 완벽한 타인이 되어 최소한의 교류만 이어간다. 이들의 가슴은 놀랍도록 위축되어 있다.

각박한 세상을 지혜롭게 살아가고 싶다면 머리로 이해했던 관계를 가슴으로 이해할 필요가 있다. 가슴으로 정신과 행동의 통합을 이끄는 지혜가 필요한 것이다. 머리와 몸이 만나는 지점에 있는 가슴은 머리와 몸의 중재자 역할을 한다. 가슴 근육은 어깨와 맞닿아 있어 손을 더 넓고 크게 뻗을 수 있도록 가동 범위를 허용하기도 하고, 폐와 심장을 감싸며 내면의 감정이 성숙할 수 있도록 따뜻한 온실을 제공하기도 한다. 조금 더 넉넉한 가슴을 갖고 세상을 살아가고 싶다면 겨드랑이에 힘을 주고, 양 어깨 끝을 바깥으로 펴면서 팔꿈치를 아래로 밀어 가슴 근육을 최대한 이완해보자. 물리적으로 넓어진 가슴의 면적이 숨을 크게 마시는 행동을 이끌어낸다. 숨을 크게 마시면서 호흡과 함께 나를 둘러싸고 있는 세상의 정보들을 여과 없이 받아들인다. 물론 유용한 정보도 있고, 해로운 정보도 있다. 그러나 유용한 정보를 받아들이는 가장 좋은 방법은 모든 정보에 대해 열린 마음으로 접속해보는 시도다. 직접 읽어보고, 경험하고, 접해봐야만 좋은 정보인지 아닌지 알 수 있다. 설령 나쁜 정보라 할지라도 나에게 좋은 메시지로 담기는 해석의 여지가 있을지도 모르는 일 아닌가. 어쨌거나 숨을 들이마시는 것도, 세상 속 다양한 정보를 가슴에 품어보는 것도 당신에게는 그리 손해 보는 일이 아니다. 인생에서 무언가를 배우기 위해 숨을 들이마시는 정도는 충분히 투자해볼 만한 가치가 있다. 그 대상이 사람이라면 당신은 더욱 열린 마음으로 받아들일 필요가 있다. 당신이 좋아하는 사람이건 좋아하지 않는 사람이건 좋아할 수밖에 없는 이유, 좋아하지 않을 수밖에 없는 이유를 판단하기 이전에 그를 여과 없이 받아들이는 시간이 필요하다. 당신이 그 사람에 대해 있는 그대로 받아들여야만 그가 가진 진면목을 알아차릴 수 있고, 가슴속 깊이 이해할 수 있다. 알아야 안아줄 수 있다.[31] 그리고 제대로 알기 위해서는 가슴을 꽁꽁 싸매고 있는 팔짱을 풀고, 그 사람의 가슴속에서 우러나는 이야기를 당신의 가슴이 있는 그대로 받아들일 수 있어야 한다. 다른 사람을 받아들일 때는 그래서 양팔을 편하게 이완한다. 가슴 근육을 단련할 때도 팔 근육이 개입하면 어깨가 앞으로 빠져 제대로 가슴 근육에 자극을 줄 수 없다. 당신이 누군가를 이해하는 데 필요한 것은 오직 너른 가슴이다. 제대로 이완된 가슴 근육에 자극이 들어오면, 그때는 겨드랑이 아래쪽을 조이며 가슴을 내밀면서 팔을 활용해 가슴 근육을 수축시킨다. 팔을 활용해 가슴 근육을 수축시키는 과정에서도 팔 근육이 지나치게 개입하지 않도록 자세에 많은 신경을 써야 한다. 덤벨이나 바벨을 들고 운동을 할 때 새끼손가락, 손목, 팔꿈치를 일직선상에 고정하고 당기거나 미는 행동은 힘의 자극을 가슴 근육에 정확히 주어 수축시키기 위해서다. 가슴이 전하는 이야기를 상대에게 전할 때, 감정 자체의 에너지가 강력해 자칫 잘못된 메시지를 전하는 우를 방지하기 위해서는 상대를 안아주고자 하는 가슴의 신호에만 집중해야 한다. 가슴 근육 운동을 제대로 이해하는 것만으로도 가슴이 전하는 관계의 따뜻한 어루만짐을 느낀다. 좋은 사람이 되고 싶으

면서도 어떻게 해야 할지 몰라 가슴이 답답했던 적이 있다면, 가슴
근육 운동을 하자. 너른 가슴으로 상대를 안아주는 몸의 움직임을
반복하자. 심장의 두근거림이 가슴 근육에 담기고, 그렇게 넓어지
고 두터워진 가슴 근육은 당신과 당신의 소중한 사람을 함께 끌어
안아 준다.

낯선 대상을 향한 호기심을 관계로 끌어안는
팔 근육

팔뚝 근육이 없어지면 뚝심도 사라진다.
이두근과 삼두근을 단련하면 심장 박동도 뛰기 시작한다.
이도저도 안 될 때 이두근과 삼두근을 단련하라.
뚝심은 팔뚝 근육에서 나온다.

태초에 아담과 이브가 선악과에 호기심의 팔을 뻗지 않았더라면 인간은 어떻게 살고 있었을까. 특정 종교를 떠나 인류의 기원 스토리에 '호기심 어린 팔'이 등장하는 것은 그리 낯설지 않다. 사람은 호기심의 동물이고, 호기심 때문에 색다른 경험에 팔을 뻗는다. 그 때문에 이야기가 전개되는 작품들을 영화든 드라마든 어렵지 않게 볼 수 있다. 잠자는 숲속의 공주도 금기의 물레에 팔을 뻗다 바늘에 찔려 잠들게 됐고, 판도라는 신이 맡긴 상자에 호기심의 팔을 뻗었다. 알라딘은 호기심의 팔을 뻗어 램프의 요정 지니를 만나게 됐다. 굳이 이야기 속에서 찾지 않더라도 어린 시절을 떠올려보면, 아기는 궁금한 것을 향해 닥치는 대로 팔을 뻗는다. 호기심의 대상이 마음에 들면 대상을 관찰의 영역에서 소유의 영역으로 옮겨놓는다. 캐나다의 신경외과 의사 와일더 펜필드는 뇌에 전기 자극을 주었을 때 나타나는 몸의 반응을 토대로 뇌에서 차지하는 신체 부위를 면적별로 표시하여 인간의 감각 지각 능력에 대한 뇌지도를 실체화하였는데, 그 지도를 살펴보면 지각하고 인지하는 감각기에서 손의 비중이 크다는 것을 한눈에 알 수 있다. 삶의 영역에서 호기심이 발동한 대상을 향해 손을 쓰기 위해서는 당연히 팔을 뻗어야 하고, 대상의 질량을 감당하며 궁금한 것을 알게 되기까지의 과정에서 우리는 팔 근육을 사용한다.

궁금한 것, 원하는 것에 거침없이 팔을 뻗을 수 있는가, 혹은 망설이는가? 당신이 호기심을 갖고 새로운 것에 대한 도전을 결정했던 삶의 방식은 당신이 팔 근육을 사용했던 행동의 누적이다. 사람은 호기심의 대상을 향해 팔을 뻗어 쓰다듬고 어루만지고 가까이

끌어당겨 안아주고 살피는데, 이 모든 행동에서 팔 근육을 사용한다. 단순히 대상을 알기 위해서만 사용하는 것이 아니다. 알게 된 대상과 관계 맺음을 하는 과정에서도 팔 근육은 깊이 개입한다. 가령, 가방이라는 대상에 물건을 집어넣고 들어 올려 가방을 가방이게 하는 것은 팔 근육이다. 가죽을 덧댄 천 몇 조각이 꿰매진 하나의 가방이 내 물건을 담은 가방이 되어 나와 새롭게 관계를 맺고, 내 삶의 한 자리를 차지하게 되는 사이사이에 수많은 팔의 오고 감이 있다. 팔을 뻗고 손을 내밀어 오고 간 행동의 누적이 당신의 팔 근육을 만들었다.

새로운 지식을 향해 뻗고, 당기고, 밀어내고, 교류하는 팔 근육

근육은 그 역할과 사용 빈도에 따라 모양과 크기가 달라진다(물론 유전적 영향도 있다). 당신의 팔은 어떤 모양을 하고 있을까? 팔 근육은 호기심을 쓰는 방식으로부터 발달해왔는지도 모른다. 코어, 등, 허벅지 등 대근육에 비해 팔 근육은 그 크기나 면적이 작다. 하지만 작은 근육이라고 무시할 수 없는 이유는 우리가 무언가를 감지하는 대부분의 감각이 손끝에 자리하고 있으며, 손을 쓰기 위해서는 팔 근육을 사용하는 것이 필수적이기 때문이다.

팔 근육의 생김을 자세히 들여다보면, 호기심 어린 대상에게 다가가 관계를 맺는 당신의 모습을 발견할 수 있다. 즉, 팔 근육의 모양이 당신이 맺는 관계의 모양인 것이다. 이 책을 읽고 있는 당신의 팔은 지금 책장을 가만히 넘기고 있다. 이동 중이라면 양팔로 책을 들어 올려 읽으면서 어디론가 가고 있는지도 모른다. 혹은 책을 덮고 가방에 넣거나 손으로 쥔 채 걸어가고 있을 가능성도 있다. 책 한 권을 대하는 데에도 팔 근육은 이렇게 많은 동작을 하고 있다. 미세한 근육의 움직임이 반복되면 근육의 모양이 된다. 가령 팔 전체로 팔을 뻗는 사람은 어깨 관절을 감싸는 삼각근이 발달해 있을 것이다. 어린 시절 멀리 팔을 뻗으며 '엄마, 저게 뭐예요?', '저거 해도 돼요?', '저기 가도 돼요?' 하는 동작의 배경에 삼각근이 있다. 길게 팔을 뻗는 손끝에 주체의 시야가 닿으므로, 삼각근이 발달한 사람은 시야가 조금 더 넓을 수도 있다. 작은 관점을 너르게 확장해 이곳이 아닌 저곳을 바라볼 수 있는 시선에는 여유가 있다. 물론 여유도 지나치면 과도하게 이상적인 성향이 될 수 있을 것이다. 그러나 어떤 이유로건 팔을 멀리 혹은 너르게 뻗는 행동은 당신도 모르는 사이, 삼각근에 영향을 미친다.

멀리 뻗어 방향성을 가리킬 때 사용하는 팔 근육이 삼각근이라면, 대상을 가까이 끌어당기는 팔 근육은 이두근이다. 이두근은 팔 안쪽에 위치한 근육으로, 알통이라는 귀여운 별명을 가지고 있기도 하다. 이두근은 팔을 접으며 대상을 끌어당길 때 사용하는 근육이다. 이두근의 역할을 가장 잘 표현한 속담이 있다. 바로 "팔이 안으로 굽는다."이다. 이는 호기심의 대상을 팔 안쪽, 소유의 영역으로 가져와 지키고 돌보는 팔의 역할을 여실히 드러내고 있다. 당신이 책을 읽을 때 팔을 뻗어 책장에서 책을 고르고 책을 빼내 당신의 방향으로 가져오는 과정은 다양한 팔 근육의 하모니로 이뤄지는 일이지만, 그중에서도 몸 쪽으로 끌어오는 움직임에 이두근의 역할이 가장 크다. 위로하고픈 상대를 끌어안을 때 가슴으로 끌어안는다고 하지만, 상대를 더 가까이 당겨오는 역할은 양팔, 그중에서도 이두근이 한다. 팔이 안으로 굽는다는 말은 몸이 자연스럽게 따라가는 상대의 편을 들게 된다는 뜻이다. 편을 든다는 말은 팔 안으로 들어오는 관계에 책임을 진다는 의미이기도 하다. 그래서 이두근으로 당긴 관계는 호기심에서 알아감의 단계로 발전한다. 단순한 앎에서 깊이 있는 탐구의 영역으로 발전하는, 알아가는 육체노동의 행동대장 역할을 이두근이 한다.

때로는 좋을 줄 알고 당겼던 대상이 아픔이 되어 떠나가는 경우, 혹은 아픔이라는 것을 알아차리고 밀어내야 하는 때도 있다. 나에게 해로운 관계라는 걸 알았을 때, 대상을 헤아려보려 끌어당기고 끌어안으며 노력하는 것은 소모적이다. 이때는 적당한 거리를 두고 대상을 멀리 둘 수 있어야 한다. 삼두근은 팔을 펼 때 쓰는 근육이다. 좋은 것을 가까이 두기는 쉽지만, 좋은 줄 알았던 것을 멀리 두는 것은 퍽 어렵다. 익숙함에, 혹시나 하는 기대감에, 그리고 이래도 되나 싶은 불안감이 대상을 밀어내지 못하게 막는다. 이두근과 삼두근이 균형 있게 발달하지 못한 사람들을 보곤 한다. 때로는 당기는 것보다 잠시 멀리 두고 조망하듯 관계를 재점검해보는 시간도 필요하다. 관계의 밀고 당기기를 제대로 하지 못하는 사람의 팔뚝 아래 차곡차곡, 찝찝하고 아픈 추억의 지방이 늘어져 있다. 삼두근을 단련하면 늘어진 팔뚝 살의 무게도, 찝찝하게 퇴적된 관계의 상처도 덜어낼 수 있다.

팔꿈치 아래로 팔을 감싼 전완근은 호기심으로 다가온 대상을 당기고 밀어내는 과정에서 일어나는 디테일한 움직임에 영향을 미치는 근육이다. 손가락 힘줄과 협응하여 손아귀 힘을 보조하고 손목을 보완한다. 관계는 다가감과 멀어짐으로만 구성되어 있지 않다. 시간을 쌓아감에 따라 농밀해지고 주고받음의 물듦이 짙어지기 위해서는 전완근과 손 힘줄의 섬세한 관심의 시도가 필요하다. 새로운 지식은 우연한 마주침으로 만나게 되지만, 마주치는 시점부터 관계의 시간이 흐르는 동안 대상과 나 사이에는 쉼 없이 정보가 오간다. 정보가 오가며 관계에도 미세한 틈이 생겼다 채워졌다를 반복한다. 호기심이 앎이 되고, 앎이 삶이 되는 사이, 대상과 주체의 수많은 'before'와 'after'가 차곡차곡 쌓인다. 이때 디테일하고 다양하게 차이의 반복을 주도하고 보조하는 근육이 전완근이다. 전완근을 잘 쓰면 대상과의 밀도가 깊어진다.

뚝심은 팔뚝으로부터 나온다

정답이 없는 세상에서 정답처럼 살기를 바라는 사람이 많다. 실패나 실수를 두려워하는 사람들이 많다. 변화무쌍한 세상에서 정답, 완벽, 완성을 추구하기란 낙타가 바늘귀를 통과하는 것만큼이나 어렵다. 그런데도 그 어려운 걸 다들 하고 있다. 인터넷에서는 '성공의 기술', '돈 버는 전략' 등, 과정과 맥락이 생략된 표면적 정보가 흘러넘친다. 따라 하기 쉽게 가공한 정보들이지만 그대로 따라 한다고 같은 결과를 낼 수는 없는, 아니, 그대로 따라 할 수도 없는 정보의 바다 속에 우리는 살고 있다. 푸시업 하나를 검색해도 저마다 자신만의 방법이 옳다고 주장하는 콘텐츠가 태반이다. 오히려 정보가 많으니 무엇이 진짜인지, 어떤 정보를 따라 해야 제대로 운동할 수 있는지 오리무중이다. 푸시업 하나만도 이러한데, 삶의 이런저런 고민들에 대한 답을 찾는 건 더 지난한 일이다. 사실, 운동을 하는 방법이건 삶을 살아가는 방법이건 다른 사람의 이야기에서 참고를 얻을 수는 있겠지만 결국 나의 몫이다. 단호하게 힘내라고 하는 말이 아니다. 우리는 어떤 경험을 하더라도, 설사 누구와 함께 같은 경험을 나누더라도 같은 경험을 할 수 없고, 각자의 경험의 우물에서 길어 올린 통찰의 약수는 저마다 다를 수밖에 없다. 세상이 복잡해질수록 알아야 할 것도, 해내야 할 것도 많아진다.

나이를 먹을수록 내가 겪어야 할 것들은 더 많아진다. 어릴 때 내가 생각했던 고통과 고난의 깊이는 지나고 나면 그저 성장통이다. 살아온 삶의 크기가 커지고 무거워질수록, 나이를 먹어갈수록 상상도 하지 못할 정도의 고통과 고난이 다양하고 다채롭게 다가온다. 잘 살고 싶어서, 행복하고 싶어서 호기심이 일었던 대상에 자신 있게 팔을 뻗어야 한다. 기꺼이 알아가기로 결정했다면, 정답을 찾으려고 검색을 일삼기보다는 직접 팔을 움직이며 당겨보기도, 밀어보기도 하자. 때로는 섬세하게 어루만지고, 쓰다듬고, 긁고, 두드려보자. 새로운 지식이 내 안에 담기는 데까지 필요한 움직임을 충분히 해보자. 팔뚝을 휘두르며 세상과 교류하고 소통하는 가운데, 어떤 떠도는 정보보다 가치 있게 빛나는 나만의 방법이 뚝심으로 아로새겨진다. 알아야 할 것도, 해야 할 것도 많은 삶 속에서 실패하기 싫어 불안에 떨고, 버리면 안 될 것 같은 관계들에 시달리다 지쳐버렸다면, 팔뚝 운동을 하자. 세상을 보는 순수한 호기심을 되살리기 위한 삼각근, 확실하게 당기고 확실하게 밀어내는 이두근과 삼두근, 섬세하게 실천에 옮기는 전완근을 단련하다 보면 호기심을 탐구심으로 바꾸는 당신만의 내공이 차곡차곡 쌓일 거라 믿어 의심치 않는다.

이두근과 삼두근을 골고루 발달시키는
벽면 푸시업

팔의 라인을 가다듬으면서도 상체 근육을 발달시키는 운동 중 으뜸은 푸시업이다. 다만 엎드려서 하는 푸시업은 팔과 코어의 근력이 부족하면 쉽게 할 수 없다. 또한 엎드린 자세의 운동 특성상 어디서나 쉽게 할 수 없기 때문에, 벽면을 활용한 푸시업을 소개한다.

1 벽에서 15~20㎝ 정도 떨어져서 선다.

2 손은 어깨 높이 정도로 올려서 벽에 댄다.

3 발뒤꿈치를 바닥에서 뗄 수 있는 만큼 뗀 상태로 선다.

4 숨을 마시면서 팔을 천천히 굽혀주고, 숨을 내쉬면서 벽을 민다는 느낌으로 팔을 편다. 이때 가슴 근육으로 벽을 민다고 생각하면 운동 효과가 더 좋다.

미지의 세계로 이끄는 지식 생산 엔진
허벅지 근육

허벅지 근육이 부실하면 벅찬 인생도 물 건너간다.
행복은 허리둘레에 반비례하고 허벅지 두께에 정비례한다.
허리둘레를 줄여야 허망한 인생을 살아가지 않으며,
허벅지가 두꺼워져야 벅찬 인생이 펼쳐진다.

삶을 '산다'는 것은 무엇일까? 잘 사는 것은 어떻게 사는 것일까? 혹자는 태어남birth과 죽음death 사이에 선택choice이 있다고 말한다. 많은 사람이 삶에 대해 고민한다. 아마도 살아가는 것에 대한 고민은 땅에 발을 딛고 사는 사람들에게 필연적인 숙명일 것이다. 머리는 이상을 꿈꾸지만, 그 꿈을 현실의 세계로 데려오는 것은 매일매일 쌓이는 삶의 시간과 그 시간을 채우는 행동이다. 그리고 행동을 담는 그릇이 바로 몸이다. 당신은 매일 몸으로 무엇을 하는가? 하루에도 겹겹이 수많은 움직임이 차곡차곡 쌓인다. 사람은 움직임 속에서 배운다. 인간관계를 둘러싼 움직임, 새로운 도전을 향한 움직임, 소중한 것들을 지키려는 움직임, 모르는 것을 알기 위한 움직임으로 사람은 삶을 쓴다. 온몸으로 삶을 써 내려간 결과는 현재의 몸에 아로새겨져 있다.

허벅지 근육을 두고 삶과 몸을 운운하는 것은 삶에 허벅지 근육이 큰 영향을 주기 때문이다. 남들이 쉽게 하지 못하는 도전을 실천에 옮기고, 조금씩 쌓아 올려 지금의 내가 되는 동안, 허벅지 근육은 나를 숱한 미지의 세계로 데려다주었다. 허벅지 근육은 버티기도 하고, 추진하기도 한다. 우리 몸에서 가장 큰 근육이자, 가장 에너지를 많이 쓰는 근육이다. 그러다 보니 내가 어디를 가든 허벅지 근육은 빠르게 추진해 목적지로 나를 이끌고, 가는 도중에 난관이 있어도 버틸 수 있게 해준다. 목표를 세우고 실천에 옮기는 것이 정신력의 영역이라 생각하는 사람들이 많지만, 나는 그동안 몸을 쓰며 체험적으로 경험한 몸 지식이 정신의 세계에 영향을 미친다고 믿는다. 어린 시절 걸음마를 배울 때, 부모는 앉아 있거나 물건을 짚고 서 있던 것이 고작이었던 아기가 두 다리에 단단히 힘을 주고 한 걸음 한 걸음 내딛는 것이 그저 신기해 보였을지 모른다. 하지만 아기에게는 미지의 세계로 나가기 위해 전신에 힘을 주고 몸의 중심을 바꾸는 위태로운 도전이었을 것이다. 스쿼트를 쉬지 않고 100번 정도 하다 보면, 발뒤꿈치로 땅을 밀며 허벅지의 힘으로 괄약근을 조여 일어나는 짧은 시간이 영겁처럼 느껴질 때가 있다. 앞선 운동으로 힘이 빠져버려 다리가 후들거리는 와중에 느껴지는 중력과 몸무게를 허벅지로 딛고 와들와들 몸을 떨며 일어서는 느낌. 아마 아기의 첫 걸음마는 스쿼트와 완전히 똑같지는 않더라도 비슷하지 않을까 상상해본다. 서고 싶어서, 나가고 싶어서, 미지의 세계에 발을 디뎠던 허벅지 근육의 첫걸음에 대한 경험이 두 번째 걸음으로 이어지고, 뇌리에 새로운 도전에 대한 혁명적인 경험치가 축적된다. 오롯이 자신의 근육으로 중력을 이겨내고, 부족한 근력을 모조리 끌어내어 최선을 다해 발걸음을 내디뎠던 희열감이 다음의 도전으로 이어진다. 몸을 써서 도전했던 경험이 성장 과정에 쌓여 머리를 쓰고 마음을 쓸 때도 몸을 쓰듯 온힘을 다해 도전하는 태도의 밑거름이 된다. 이렇게 생각하면, 한 아이의 첫 걸음마는 아이가 한 사람으로 성장하는 데 가장 혁명적인 몸 지식을 쌓는 역사적인 순간이다.

삶을 돌아보면, 미지의 세계에 도전했던 시간 속에서 보였던 당신의 태도는 첫 걸음마의 순간과 닮아 있다. 어릴 적 몸 지식을 잘 쌓아 올렸던 아이는 몸에 축적된 경험을 자양분 삼아 자라며 겪는 수많은 어려움을 용기 있게 맨몸으로 맞이한다. 그리고 끝내 고군분투해 자신의 삶 경험에 녹여낸다. 도전에 주저함이 쌓여 있다면, 걸음마의 기억을 잊고 허벅지 근육을 쓰는 것을 소홀히 했기 때문이다. 머리는 자꾸 큰 이상을 꿈꾸고, 이상을 실현하는 데 필요한 물리적 시간과 노력을 허락하지 않으면서 자리에 앉아 전전긍긍하는 사이, 이뤄지는 일은 아무것도 없고 허벅지 근육은 부실해져 간다. 허벅지는 당신 삶의 성장을 견인하는 엔진이다. 당신의 허벅지 근육은 당신의 추진력을 대변한다. 아무리 좋은 아이디어와 이상을 갖고 있다 해도, 허벅지 근육이 부실해서는 여간해서 실천으로 이어지지 않는다. 실천에 옮겨지지 않는 아이디어를 위해 아무리 치밀한 계획을 세워도 결국 계획의 치밀성에 압도되어 곧 포기해왔다면, 당신은 계획을 세울 것이 아니라 허벅지 운동을 해야 한다. 허벅지 근육은 당신의 계획을 실천으로 옮겨주는 도전 정신과 추진력을 담당하고 있기 때문이다. 한 사람이 삶을 대하는 태도는 그래서 허벅지 근육의 움직임에 오롯이 담긴다.

삶의 균형, 허벅지 근육을 균형 있게 잡으면 단단히 다잡을 수 있다

허벅지 근육은 고관절과 무릎 관절을 연결한다. 고관절은 우리 몸에서 가장 큰 관절이면서 골반의 균형을 담당한다. 골반은 우리 삶의 정수를 담아 옮기는 물그릇같이 생겼는데, 허리 아치가 과도하게 꺾여 골반 그릇이 앞으로 쏟아지는 전방경사가 일어나거나, 복부 지방을 받치느라 엉덩이가 쑥 들어가고 아랫배를 내민 골반 후방경사가 일어날 경우, 삶의 정수를 골반에 오롯이 담을 수 없다. 앞쪽이나 뒤쪽으로 골반 항아리가 기울어져 있으면 경험으로 쌓인 통찰은 몸에 담기지 못하고 흘러내린다. 이때 허벅지 근육이 골반을 당겨 균형을 맞추는 역할을 한다. 허벅지 근육은 골반 고관절에서 무릎을 잇는 근육이어서 우리 몸에서 골반이 제대로 잡히지 못했을 때 무릎에도 영향을 줄 수 있다. 당신이 앉아서 이 글을 읽고 있다면 앉은 자리에서 무릎을 펴보자. 무릎 정면, 혹은 무릎 관절 깊이 통증이 느껴진다면, 전하장골극이라 불리는, 골반과 허벅지를 지나 무릎 위쪽까지 연결되는 대퇴직근이 약한 것이다. 계단을 내려갈 때 무릎에 통증을 느껴 옆으로 내려가게 되거나, 일어날 때 나도 모르게 무릎을 짚으며 통증을 느끼고 신음을 뱉는다면, 골반 역시 뒤로 쏟아지는 후방경사가 되어 있을 가능성이 높다. 누운 자리에서 무릎을 몸 쪽으로 끌어당겨 보자. 허리가 자리를 잘 잡지 못해 몸이 앞쪽으로 당겨지고 무릎이 아프다면 대퇴직근의 이완이 필요하다.

곧게 서서 다리의 모습을 보자. 발과 발 사이에 주먹이 두 개 들어갈 정도의 간격을 두고 서서 거울을 마주해보자. 다리의 모양이 O자 모양을 하고 있다면, 당신의 내측광근과 중간광근, 즉 허벅지 안쪽 근육은 약하다. 때때로 무릎이 휘청거리고 다리에 힘이 풀리는 이유는 삶이 부담스럽기 때문이라기보다 허벅지 안쪽 근육을 단련할 기회가 없었기 때문이다. 근육이든 삶이든, 내면이 단단해야 휘청거리지 않는 법이다. 허벅지 안쪽 내측광근은 걸을 때 바닥을 단단히 디디고 아치를 세워 허벅지 안쪽과 바깥쪽에 균등한 힘을 실으며 걸을 수 있을 때 균형 있게 발달한다. 그러나 하이힐, 얇은 밑창의 신발 등을 오래 신으면 아치가 무너지며 허벅지 바깥쪽의 힘으로만 걷게 되고, 불편함을 겪게 된다. 허벅지 바깥쪽 근육에 비해 힘이 약한 허벅지 안쪽 근육은 무릎을 들어 올리는 역할도 한다. 무릎 안쪽 통증이 자주 느껴진다면 허벅지 안쪽 근육이 무릎을 제대로 잡지 못하고 있기 때문이다.

우리는 무릎이 아프다면서, 무릎을 잡고 있는 근육이 제 역할을 하고 있는지에 대해서는 관심을 가지지 않는다. 허벅지 바깥쪽 근육 역시 무릎 통증에 영향을 미치는데, 무릎을 바깥쪽으로 당기는 역할을 하고 있기 때문에 허벅지 바깥쪽 근육이 너무 강하면 다리를 쩍 벌리는 자세가 편해진다. 허벅지 바깥쪽 근육이 강해지는 이유는 무게를 지지하는 데 있어 온몸을 쓰지 못하고 다리로만 버티려 하기 때문이다. 주변에 도와줄 손이 많은데도 굳이 몸이 뒤틀리는 불편을 감당하면서 두 다리로 겨우겨우 버티고 선다. 혹은 짊어질 짐의 밸런스를 생각하지 않은 채 너무 무거운 짐을 지고 다니는 경우도 마찬가지다. 허벅지 바깥쪽 근육은 허벅지 근육 중에서도 가장 부피가 크다. 때문에 어느 정도의 무게를 감당한다. 그러나 조급함 때문에, 불안감 때문에 필요 이상의 짐을 가방에 챙긴 채로 힘겨운 무게를 억지로 들어 올리려 하면 밸런스가 깨져버린다. 무리해서 긴장하는 허벅지 바깥쪽 근육은 결국 발바닥의 아치를 무너뜨린다. 조금 더 짊어지려다가 중심이 흔들리게 된다. 그러나 발바닥부터 힘을 주어 바닥을 밀며, 허벅지의 안쪽 근육과 바깥쪽 근육이 균등하게 힘을 쓸 수 있도록 균형을 맞춰 힘을 주다 보면, 허벅지 근육은 이내 내게 필요한 짐을 들고, 내가 가고 싶은 곳이라면 어디든 가뿐하게 데려다주는 충실한 벗이 된다.

허벅지 두께는 당신이 쌓아갈 행복의 두께다

'더할 나위 없이'라는 말이 있다. 넘치지도, 부족하지도 않은 정도가 행복임을 알게 하는 말이다. 삶은 길지만, 삶을 느끼는 순간 순간은 짧다. 유한한 존재로서 사람은 그때그때의 찰나를 느끼고 누릴 수 있을 뿐이다. 중장기적 미래를 그려도, 무한한 행복을 꿈꿔도 그를 위해 할 수 있는 건 지금 순간 선택할 수 있는 행동들뿐. 허벅지 근육은 당신이 행복을 향해 가는 찰나의 행동에 에너지를 더하는 성장 엔진이다. 꿈이 아무리 커도 엔진이 부실하면 이내 퍼져버리고 만다. 자동차의 외관이 아무리 크고 화려해도 경차 수준의 엔진을 장착해서는 그 위용만큼의 속도와 안정성을 발휘하지 못하는 것과 마찬가지다. 다행히 자동차의 엔진은 뜯어 고쳐야 업그레이드가 가능하지만, 허벅지 근육은 당신이 얼마나 가꾸고 공을 들이느냐에 따라 점점 성장한다. 허벅지만 성장하는 것이 아니다. 당신도 함께 성장한다. 얼마나 행복하면, 더할 나위 없이 행복한 걸까? 당신의 꿈을 실현할 만큼의 허벅지 근육이 있다면 당신은 어떤 상황에서건 행복할 수 있다. 꿈이 커지는 만큼, 조금씩 허벅지에 실리는 무게가 올라간다. 허벅지의 체력이 늘면, 꿀 수 있는 꿈의 크기도 커진다. 어느 정도의 기초 체력이 뒷받침되고 체력에 대해 확신이 생기기 시작하면, 당신은 바라는 바를 이뤄낸 결과보다, 당신의 허벅지 근육과 함께 성장했던 과정에 행복해할 수 있다. 인생에서 겪는 고통의 크기는 여간해서 줄어들지 않는다. 우리는 생명을 부여받은 순간, 생명을 책임져야 하고, 죽기 전까지 생명의 소임을 다해야 하는 의무를 갖는다. 다른 사람의 삶이 더 쉬워 보이고 더 여유가 있어 보여도, 생명을 가진 존재로서의 무게는 비슷비슷한 법이다. 그래서 행복은 고통이 없어져서 생기는 것이 아니라, 고통을 짊어질 수 있다는 '자립'에의 확신에서 온다. 당신을 자립시켜주는 근육은 역시 허벅지 근육이다.

허벅지는 동반자다. 허벅지 근육을 짐꾼처럼 부리면 이내 발 아치, 무릎, 골반을 틀어지게 하며 길을 가는 내내 힘겨운 고통을 견뎌야 한다. 그러나 허벅지 근육을 힘겨운 길을 함께 가는 벗처럼 대하면 몸에서 가장 큰 근육으로서 맏형 노릇을 톡톡히 한다. 당신이 당신의 허벅지를 대하는 방식은 당신의 가장 든든한 조력자를 대하는 방식이다. 허벅지가 밸런스를 유지할 수 있도록 틈틈이 햄스트링을 늘려주고, 폼롤러로 앞 허벅지, 옆 허벅지를 고루고루 풀어주고, 걸을 때 안쪽 허벅지와 바깥쪽 허벅지가 고루 힘을 받도록 신경 쓰는 잠깐의 시간이 당신의 삶에서 느낄 수 있는 찰나의 행복을 배가해준다. 가고 싶은 곳은 어디든 자유롭게 갈 수 있다는 확신, 가는 길이 험난해도 끝내 내 두 다리로 뚜벅뚜벅 걸어갈 거라는 '힘에의 의지'가 당신의 삶을 더욱 풍요롭게 만든다. 의지가 실천이 되는 행복한 삶의 밑바탕에 허벅지 근육이 있다.

우리 몸의 가장 큰 근육

허벅지 근육 운동

허벅지는 우리 몸 중 가장 큰 비중의 근육이 자리하고 있는 곳이다. 허벅지 근육을 잘 단련하는 것만으로도 우리 몸의 건강 지표는 눈에 띄게 향상된다. 기초 체력과 근력이 향상되고 지방을 잘 태우는 체질이 된다. 심폐 기능이 강해지며 지구력을 키우는 데에도 도움이 된다. 가장 기초적인 허벅지 운동인 스쿼트를 해보자.

1 양발을 어깨 너비로 벌리고 발끝을 바깥 방향으로 살짝 벌린 다음, 호흡을 마시며 천천히 엉덩이 쪽으로 무게 중심을 보내 자리에 앉는다.

2 앉을 때 가슴을 펴고 상체를 살짝 숙여 엉덩이 쪽으로 보낸 무게 중심의 균형이 맞도록 한다.

3 앉았을 때 대퇴부가 바닥과 평행이 되도록 하면서 무릎에 무게 부하가 걸리지 않도록 엉덩이에 힘을 준다.

4 일어날 때 무릎은 95% 정도만 펴고 동작을 반복한다.

5 개인의 체력에 따라 12~15회씩 3~5세트 반복한다.

짧아진 하체 근막을 쭉쭉 늘려주는

허벅지 스트레칭

허벅지는 생활에서 많이 사용하는 근육으로 그런 만큼 근막이 경직되어 있을 가능성이 크다. 특히 앉은 자세를 많이 유지하는 현대인일수록 허벅지 앞과 뒤, 종아리 등에서 부종, 유연성 부족, 뻐근함 등의 증상을 호소하기 쉽다. 간단한 스트레칭이라도 꾸준히 하면 더욱 유연하고 부드러운 하체 움직임을 느낄 수 있을 것이다.

1 바르게 서서 양손을 뒤에서 맞잡고 턱을 던지듯 앞으로 숙이며 맞잡은 손을 최대한 등에서 멀리 보내며 허벅지와 종아리 뒤쪽이 늘어나는 느낌을 느껴본다.

2 천천히 일어나 오른발 뒤꿈치가 오른쪽 엉덩이 중앙에 오도록 최대한 접고, 한 다리로 서서 중심을 잡으며 접은 다리의 허벅지 앞쪽이 늘어나는 것을 느낀다.

3 양손을 바닥으로 내리며 턱을 던지듯 숙여 바닥을 짚고 양다리를 번갈아 까치발 자세로 구부리며 편 다리 뒤쪽의 스트레칭 자극을 느껴본다.

4 1~3을 연속 동작으로 하여 천천히 10~15회 반복한다. 한 다리로 설 때는 다음번에 반대쪽 다리로 서서 밸런스를 맞출 수 있도록 한다.

보호받던 나를 자립하는 나로 바꿔주는
코어 근육

뱃살은 빼고 익살과 넉살은 늘려라.
뱃살이 늘어날수록 배짱이 줄어들고,
익살과 넉살이 늘어날수록 인생의 재미는 농익어간다.
복근을 단련해야 행복이 날아들고 행운의 복권도 당첨된다.

　나이를 먹을수록 삶의 고민은 안쪽으로 모인다. 젊은 시절, 소위 스펙이라 불리던 일반적 경험치, 보여지는, 평가받는 모습에 대한 걱정들은 시간이 지나며 정체성, 가치관, 살아가고자 하는 방향, 옳다고 믿는 신념들을 잘 지키고 있는가에 대한 고민으로 깊어간다. 성공을 향한 일반적 기준이라 일컬어지는 삶의 관문들을 마주하며 요리조리 나만의 방법을 찾아 방황하며 방향을 찾는다. 그리고 이내 겉치장에 대한 나의 고민의 근원이 약한 코어에서부터 시작되었다는 것을 알게 된다. 삶의 코어가 부실하다는 것을 깨닫는 순간부터, 당신의 삶에서 지향하는 방향은 조금씩 외면에서 내면으로 방향을 튼다. 겉만 꾸미느라 급급했던 태도에서 오롯이 내 모습으로 돌아가, 놓친 것과 챙겨야 할 것들을 다시 살피게 된다. 삶의 코어를 다지기로 결심하고서 다시 들어보면, 직장인들이 어쭙잖게 앞섶을 여미며 버릇처럼 읊조리던 '뱃살이 인격'이라는 말만큼이나 우스운 거짓말도 없다. 두둑해진 뱃살은 내 삶의 코어를 챙기지 못하고 해야 하는 것들에만 치여 있던, 그래서 건강한 생활을 놓쳤던 삶의 결과다. 모든 편견은 내장에서 나온다는 니체의 말에, 내장 지방 속에서 답답하게 눌린 내장이 복근을 때리는 것 같은 느낌이 든다. 하고 싶은 대로 해도 된다고, 진정한 내 삶의 주인이 되라고 말하는 마음의 소리는 그동안 내장이 눌려 있던 탓에, 편견의 산물이 내장 지방에 가득 차 있던 탓에 미처 듣지 못했던 걸까.

어린 시절, 복부는 흔한 꾀병의 단골 부위였다. 팔이나 다리가 아프다고 하는 것보다야 배가 아프다고 하는 것이 왠지 임팩트가 크다. 스트레스, 배탈, 소화 장애, 몸살, 추위 등 복통의 원인은 너무 다양해서 정확한 원인을 찾기 힘들기도 하고, 팔다리가 아프면 어떻게든 심부름을 가야 하지만, 복부 정도는 아파줘야 누워서 꼼짝 않고 있을 당위성이 생긴다. 어릴 때 남동생은 심부름하기 싫을 때마다 배가 아프다며 투정을 부렸는데, 참다못한 엄마가 대체 배가 왜 아프냐고 재차 묻자 한 대답이 가관이었다. "나 배에 관절염이 걸렸단 말이야." 말도 안 되는 투정이지만, 그만큼 가장 자주 불편해지곤 하던 배에 대한 경험에서 온 투정이었을지도 모른다. 몸이 약해졌을 때 가장 빨리 신호가 오는 곳이 복부다. 그래서인지 마음을 다독여줄 때는 등을 토닥여주지만, 몸을 다독여줄 때는 배를 쓸어준다. "엄마(혹은 할머니) 손은 약손/ ○○배는 똥배"라는 노래는 국민 전래동요다. 자라며 한 번쯤은 따뜻한 아랫목에 누워 따뜻하고 든든한 보호자에게 배를 내주며 돌봄을 받은 때가 있었을 것이다. 우리네 부모님은 밤사이에도 몇 번씩 자녀의 이부자리를 돌보며 걷어찬 이불을 다시 배 위로 덮어줬다. 이제는 아이 부모가 된 내 또래 친구들의 자녀 돌봄도 다르지 않다. 그래서 보호자가 마지막까지 돌봐주는 신체 기관의 대표 주자는 역시 복부다. 아동기를 지나 유년기에 이르기까지도 부모는 자녀의 복부를 돌본다. 그러나 유년기를 지나면서 우리는 자신을 스스로 보호하는 법, 각자의 삶을 책임질 줄 아는 것의 미덕을 배워야 한다. 꾀병으로 학교에 가지 않으면 불편한 것은 부모님이 아니라 나 자신이라는 것을 깨닫는 시기부터는 더 이상 부모님께 배를 맡길 수 없게 된다. 내장은 여전히 연약하지만 언제까지나 보호자의 약손을 바랄 수는 없는 노릇이다. 성장하며 어느 시점부터는 내장을 보호하기 위한 복부의 근육을 스스로 단련해야 한다. 보호자로부터 자립해 자기 돌봄을 할 줄 아는 사람으로서 시도해야 하는 첫 단추는 복부를 스스로 돌보는 것이다. 내 복부에 책임을 지는 행동을 선택하는 것은 한 사람으로서 성장하는 시작점이 된다.

복부에는 일상의 습관이 그대로 담긴다

복부는 평소의 습관이 가장 잘 드러나는 부위다. 자세로 드러나고, 식습관으로 드러나고, 체온으로 드러나고, 근육의 모양으로 드러난다. 따라서 팔과 다리 등 원거리 근육은 운동을 하면 모양의 변화가 금방 드러나지만, 복부 근육은 아무리 단련을 해도 쉽게 달라지지 않는다. 생활 습관의 영향이 큰 탓이다. 비주얼 측면에서 몸을 만들기 위해 운동을 해도 복부 근육을 유지하고 단련하는 것이 쉽지 않은 이유다. 그래서 복부 근육을 단련하려면 단순히 운동을 더 하는 것보다 생활 습관을 점검하고 자세부터 몸에 배도록 해야 한다. 복부에 자신이 있는 사람은 생활 전반의 습관이 건강하게 잡혀 있는 사람이다. '먹고사는' 것에 대한 자기만의 룰을 갖고 꾸준히 실천에 옮겨야만 복부 라인이 예쁘게 드러난다. 단순히 식스팩이 있다, 없다의 문제가 아니다. 복부 라인에 집착하는 것을 넘어서, 날씬한 복부를 유지하며 건강한 삶을 사는 사람은 목표를 실천에 옮기고 꾸준히 달성할 수 있다는 자신감을 갖고 산다. 꾸준한 습관에 대한 자신감이 중장기적 목표에 도전하는 배짱이 된다. 배짱이 두둑한 사람은 복부에서부터 뿜어져 나오는, 꽤 오랜 기간 자신의 삶 속에서 증명해온 시간에 대한 확신이 있다. 자기 자신에 대한 확신은 도전이라는 낯선 환경이 이리저리 바뀌어도 중심과 안정성을 잘 잡는 유연함이 된다. 복부를 중심으로 한 코어가 단단한 사람은 흔들리는 버스 안에서도 여유 있는 표정으로 중심을 잘 잡을 수 있다.

복부는 몸의 중심부에 위치하고 있기 때문에 위아래로 자세가 무너지면 약한 복부부터 쏟아지는 모양새로 틀어진다. 틀어진 복부와 허리는 골반을 틀어지게 하고, 틀어진 골반이 대사와 순환을 교란시킨다. 복부 근육 단련이라 하면 대부분의 현대인들은 초콜

릿 복근을 상상하며 거창한 운동을 떠올리지만, 복부를 탄탄하게 다지는 운동의 시작은 바른 자세에서부터 출발한다. 바르게 선 자세에서는 자연스럽게 복부에 힘이 들어간다. 배에 힘을 주고 생활하며 바른 자세를 유지하는 생활 습관만으로도 복부 근육의 기본기를 다질 수 있다. 사실, 바른 자세를 유지하는 것이 우선이고, 복근 단련은 그다음이라고 생각하는 것이 더 맞다.

양 엄지발가락을 붙이고, 양 발뒤꿈치 사이에 주먹 하나만큼의 공간을 띄어놓은 상태로 서보자. 양 무릎을 붙이고 엉덩이에 힘을 준 상태에서 골반을 바깥쪽으로 편다고 생각하며 허벅지 바깥쪽에 힘을 준다. 꼬리뼈를 안으로 말면서 서려고 노력하면 자연스럽게 아랫배가 살짝 당겨지며 판판하게 들어가고, 어깨가 펴질 것이다. 이때 머리의 무게를 최대한 가볍게 느끼도록 턱을 살짝 당겨 목뼈의 부담이 덜하도록 하자. 앉아 있는 시간이 많고 여기저기 틀어져 있는 현대인의 몸으로는 바르게 선 자세조차 제법 힘들 것이다. 하지만 위 동작을 따라 한다면 하체가 쭉 펴지며 순환이 잘되는 느낌이 바로 올 것이다. 복근과 코어 근육이 잘 잡혀 있으면 일상생활에서 겪는 피로감을 훨씬 덜어낼 수 있다. 몸의 안정성을 잡아주는 근육이기 때문에 복부 근육만 잘 잡혀 있어도 등, 허리, 흉부 등의 균형이 자연스럽게 잡힌다. 몸 안쪽에서 바깥쪽으로 뻗어가며 원거리 근육(팔 근육, 다리 근육)으로 힘을 전하는데, 자세만 바르게 잘 잡으면 힘 전달이 편해진다.

앉은 자세 역시 마찬가지다. 엉덩이를 의자 깊숙이 넣어 앉고 허리를 등받이에 바짝 붙여야 한다. 이때 꼬리뼈가 둥글게 말린다고 상상하면 아랫배에 힘이 들어가면서 판판해진다. 자연스럽게 어깨도 따라 펴진다. 턱을 당겨 머리의 무게가 가볍게 느껴지는 지점을 찾아 경추를 안정시켜야 한다. 의자 끝에 엉덩이를 걸쳐 앉으며 등을 이리저리 기우뚱하게 앉는 자세는 복근의 힘을 풀리게 하고, 척추를 무너뜨리는 가장 좋지 않은 자세다. 평소 바르지 못한 자세로 살아오다 바른 자세를 유지하기로 결심했다면, 약해져버린 복근으로 오랜 시간 바른 자세를 유지하는 것은 어려운 일이다. 그러나 근육은 매일 습관처럼 했던 동작을, 그리고 힘이 들어갔던 부위를 기억한다. 무너져 있는 자세를 근육에 기억시키면, 나도 모르게 그 자세가 거듭되어 근육으로 드러난다. 근육은 가변 조직이라 일주일 정도만 의식적으로 노력하면 금방 바른 자세의 근육을 기억한다. 어렵지만, 힘을 주었는지조차 모르게 바른 자세를 유지하는 습관을 만드는 것이 복근 단련의 첫 번째 과제다. 복부는 유일하게 갈비뼈 아래로 뼈가 감싸지 않는 부위이기 때문에 복근을 단단하게 세워 허리와 복부의 균형을 유지해야 한다. 복근이 무너져 있으면 상체를 제대로 세울 수 없고, 이런 자세로는 자립할 수 없다. 원하는 것이 마음대로 추진되지 않거나 몸과 마음이 헛헛할 때는 바른 자세로 서는 시간을 점차 늘려보자. 나에게 우호적이지 않은 상황은 수시로 찾아온다. 그럴 때 내가 나를 돌보는 무언가 하나의 동작을 갖고 있는 것만으로도 꽤 든든해진다. 이제는 엄마의 약손 대신, 내가 나를 제대로 세우는 방식으로 나를 돌볼 수 있다.

안정감 있는 나를 만들어주는 복근 운동법

바른 자세로 단련한 복근을 조금 더 강하게 하면 팔다리의 가동범위가 좋아진다. 몸의 안정성을 관장하는 근육은 복부, 허리, 골반, 횡경막 부분의 근육이다. 이러한 코어 근육은 몸통을 코르셋처럼 감싸며 팔다리를 이리저리 사용할 때 그 의도에 맞춰 적절하게 힘을 분배하고, 의도와 관계없는 다른 근육이 힘을 불필요하게 사용하지 않도록 밸런스를 잡아주는 역할을 한다. 코어를 단련하는 가장 대표적인 운동은 역시 플랭크다. 짧은 시간 동안에도 복근을 중심으로 한 코어 근육이 와들와들하며 온몸에 지진이 나는 운동이지만 그만큼 효과가 크다. 내 몸의 중심 하나 단단하게 잡는 것이 이렇게 온몸을 와들와들 떨리게 하는 일인가 싶으면서도, 새삼 단단한 자세를 유지하고 싶어진다. 플랭크 자세의 원리는 코어를 중심으로 바르게 선 자세와 같기 때문에, 플랭크를 꾸준히 하면 바르게 선 자세를 유지하는 것도 한결 쉬워진다. 바르게 선 자세를 상상하며 엎드려보자. 양 팔꿈치의 간격은 어깨 너비만큼이다. 어깨에서 일직선으로 그대로 내려와 땅에 닿는 만큼의 간격으로 팔꿈치를 짚는다. 양다리는 길게 뻗어 모아준다. 다리를 모아야 엉덩이 근육까지 함께 긴장시키며 힘을 쓸 수 있다. 고개는 자연스럽게 아래를 보며 양손 사이를 본다. 정면을 보면 목 뒤 경추에 무리가 오면서 흉추, 허리 모두 비정상적인 과신전 상태가 된다. 얼굴에서 발끝까지, 판판한 막대기가 된 것처럼 온몸을 직선으로 만든다. 복부의 힘이 약해지면 승모근이 따라 올라오면서 몸무게를 승모근과 팔꿈치에 신게 된다. 어깨를 으쓱하지 않도록 주의하면서 어깨와 겨드랑이 아래 전거근에 힘을 싣는다. 몸무게를 아래쪽 어깨에 실어 바닥을 민다고 생각하면서 자세를 유지한다. 온몸을 직선 모양으로 유지하려면 골반도 살짝 앞으로 당겨야 한다. 플랭크는 하루에 3분 정도만 꾸준히 할 수 있어도 몸 전체의 밸런스를 잡는 데 큰 효과를 느낄 수 있다. 한 번에 3분이 힘들다면 할 수 있는 만큼 버티고, 10~30초 정도 쉬었다가 몇 번 거듭해 이어서 하면 된다.

노래 한 곡 정도 틀어놓고 하면 시간이 금방 간다.

사촌이 땅을 사도 배가 아프지 않은 내가 되자

복부가 바로 서지 않은 사람에게 주변의 소식들은 열등감의 무게가 된다. 아무도 짐을 지워주지 않았는데 스스로 짊어진 열등감은 꽤나 무겁다. 자신의 몸무게 하나 지고 살기도 버거운데 짊어져야 할 것들이 더 많다는 부담감이 삶의 여유를 빼앗아간다. 막연하게 인생의 무게가 버겁게 느껴진다면, 복근을 단련하자. 사실은 삶의 무게가 버거운 것이 아니라, 이리저리 불어오는 산들바람에도 내가 쉬이 흔들리기 때문임을 알아차리고 나면, 결코 가벼워지지 않을 것만 같던 삶의 무게는 심플해지고 가벼워진다. 아무리 무거워도 당장은 내가 질 수 있는 만큼만 질 수 있을 뿐이며, 안정감을 채워갈수록 질 수 있는 무게는 서서히 늘어나게 됨을 깨닫게 되는 것이다. 뱃살이 출렁이는 사람도 복근을 가지고 있다. 다만 지방에 가려져 보이지 않을 뿐이다. 복근이 차지하는 면적이 늘어나고 지방이 걷히는 과정은 삶이 바뀌는 드라마틱한 시간을 전제로 한다. 그야말로 남의 시선과 기대에 흔들리는 삶이 아닌, '나로서' 사는 시간이다. "사촌이 땅을 사면 배가 아프다."라는 속담이 있다.

왜 배가 아픈 걸까? 사촌이 땅을 산 것이 질투가 나기보다는, 자신이 땅을 사지 못한 것에 대해 열등감을 느낀 것이다. 땅을 살 수 있었건 살 수 없었건, 나에게 사촌의 땅만큼이나 가치 있는 무언가가 있다면, 혹은 땅이 있건 없건 내 존재의 가치를 알고 있다면 오히려 당당한 자세로 사촌의 땅을 인정할 수 있을 것이다. 사촌의 땅과 나는 완전 별개의 문제다. 내 복근이 잡아야 할 중심은 오로지 내 몸무게와 밸런스 안에서 일어나는 문제다. 외부의 무게 추까지 굳이 끌고 오지 않아도, 내 몸무게와 밸런스를 잘 잡을 수 있으면 삶에 뱃살 대신 익살과 넉살이 생긴다. 뱃살보다야 익살과 넉살이 훨씬 풍요로운 살이 아닐까. 그래서 "사촌이 땅을 사면 배가 아프다."라는 속담에는 사촌이 산 새 땅에 똥거름을 줘야 해서 배가 아픈 거라는 넉살 어린 해석도 있다. 이리저리 흔들리며 남과 비교하기보다, 흔들리는 와중에 나를 바로 세우는 복부가 단단한 삶이 더 행복하다.

복부의 유연성과 근력을 동시에 길러주는

코어 근육 운동

지나친 책임감에 등허리가 무겁고 하루 종일 복부를 구기며 코어를 찌우고 있다면, 어깨를 펴고 복부의 유연성을 강화하는 복부 스트레칭을 해보자. 상체와 하체가 열린 자세로 기분이 좋아지고, 활력이 생기며, 항스트레스호르몬이 분비될 수 있는 자세이면서도 코어가 골고루 발달할 수 있는 운동이다.

1 양팔을 깍지 낀 상태에서 뒤통수 뒤로 넘긴다.

2 오른쪽으로 상체를 돌리며 옆구리와 복부를 수축하고 왼쪽 무릎을 올려 트위스트한다.

3 정면을 바라보며 어깨와 골반을 중립으로 유지한다.

4 반대 방향으로 트위스트한다.

5 1분간 빠르게 반복하는 것을 1세트로 하고, 세트 사이 1분간 쉬는 시간을 가지며 3세트를 반복한다.

13

근육은
어떻게 멘탈이 되는가

운동 습관을 만들기 어려운 이유

'운동을 한다'는 말을 이해하는 사람들의 머릿속 이미지는 제각
각이다. 어떤 사람은 하루 두세 시간을 고강도로 하는 것을, 어떤
사람은 일주일에 서너 번은 채워야 운동을 한다고 생각한다. 또 어
떤 사람은 대중교통을 이용하면서 하루 만 보 걷기를 실천하는 것
으로 운동을 한다고 생각한다. 필자의 지인 중 한 명이 SNS에 글
을 올린 적이 있다. 마라톤을 결심한 사람이 한 달 안에 도합 42km
를 달리겠다는 목표를 세우고 사람들에게 공언하는 내용이었다.
한 달 안에 42km를 달린다는 것은 매일 달린다면 하루 1.4km를
달리는 것이고, 일주일에 두 번씩 달린다면 매번 5~6km를 달리는
셈이다. 재미있는 건 그 글을 본 다른 사람들의 반응이었다. 평소

일주일에 2~3회씩 10km 이상을 달리며 마라톤을 즐기던 러너들은 '한 달에 42km?' 하며 코웃음 쳤다. 그러나 달리기 습관을 만들고 싶어 하는 많은 일반인들은 이 글을 올린 사람과 함께하고 싶어 했다. 곧 한 달에 42km를 달리는 모임이 만들어졌고, 이 모임에 소속된 60여 명의 사람들은 각자의 상황과 체력에 맞게 달리기 패턴을 정하고 인증을 공유했다. 42km를 뛰지 못하는 사람도 있었고, 달리기가 어려운 사람은 걷기 기록을 인증하기도 했다. 이 모임에서 중요한 것은 '해보자'는 마음가짐이었다. 어려운 목표를 이뤄내기까지의 과정에서 가볍게 '해보자'를 공유하는 순간, 생각은 행동으로 연결되었고, 물리적인 시간이 누적되면서 어느새 목표는 저절로 가까워지고 있었다.

운동 습관을 만들기 어려운 건, 운동의 목표를 내 몸에 두지 않고, 완성된 결과—날씬하고 탄탄해진 몸, 고강도를 쉽게 해내는 근력, 오랜 거리를 쉽게 달리게 하는 심폐지구력 등—에 두기 때문이다. 우리가 목표를 정하는 패턴만 문제라고 말하고 싶은 것이 아니다. 일반적으로 운동을 시작할 때, 퍼스널 트레이닝이든 달리기든 필라테스, 요가까지도 대부분의 운동 프로그램은 목표 지향적이다. 목표 지향적인 과제는 완성 단계에 다다르기까지 과정을 '견뎌야 하는' 방식으로 받아들여지기 때문에 지금 당장의 운동을 괴로움으로 해석하게 한다. 매일매일 꾸준히 운동하는 시간이 누적되다 보면, 목표는 생각보다 쉽게 이룰 수 있다. 아니, 과정을 즐기다 보면 시작 시점에서 무척 힘들다고 느꼈던 목표는 어느새 믿지 못할 만큼 가까워졌거나 이미 뛰어넘어 있다. 그러나 과정의 길목 길목에 운동을 버티고 견디는 기억이 심어지면 우리 몸은 목표에 다다르기 전에 먼저 지쳐버린다. 매일 운동을 시작할 때마다 버텨야 하고, 견뎌야 하는 시간이라 해석하면 운동의 시작은 점점 어려워진다. 그러니까, 운동이 어려운 것이 아니라 '운동의 시작'이 어려운 것이다. 어렵게 운동을 시작하더라도 종착점인 탄탄한 몸, 혹은 근력의 향상은 즉각적으로 이루어지지 않기 때문에, 왠지 힘들게 시작한 운동에 대한 대가가 없는 것 같은 느낌이 든다. 따라서 조금 더 운동을 쉽게 시작하려면 목표보다는 운동 자체를 즐기는 마음을 준비해야만 한다. 운동을 시작할 때의 귀찮음, 부담감을 이제 곧 운동을 시작한다는 설렘으로 해석할 수 있다면 운동의 시작은 더 이상 어렵지 않다. 더 좋은 것은 운동을 시작할 때 어떤 고민이나 감정 없이 그냥 시작하는 것이다. 운동을 시작하기에 앞서 어떤 마음의 준비도 필요하지 않다는 걸 자연스레 몸이 받아들이기까지는 의도적인 긍정적 해석력이 필요하지만, 의식적인 노력이 꾸준히 이어지면 운동 기피 증상—온갖 이유를 대며 어떻게든 운동을 미루려고 애썼던 몸의 저항이 스르르 사라지게 된다. 운동 습관의 루틴을 만들 수 있는 상태는 이렇게 운동의 시작에 긍정적 감정도 부정적 감정도 들어가지 않을 때다. 심리적 저항이나 심리적 집착이 이루어지지 않는 상태에 도달해 새로운 습관을 자연스레 일상으로 끼워 넣는 일에 성공하면, 운동뿐 아니라 다른 습관들도 자연스레 일상에 끼워 넣을 수 있게 된다. 단, 매일매일 반복되던 일상에 새로운 습관을 끼워 넣는 일은 한 번에 이루어지지 않는다. 중요한 것은 의도를 세워 새롭게 습관으로 끼워 넣을 행동을 결정하고, 행동을 실행에 옮기는 과정에서 일어나는 심리적 움직임을 긍정적으로 해석하는 것, 의도적인 긍정적 해석을 거쳐 실천의 과정이 자동으로 일어나도록 꾸준히 행동으로 옮겨보는 시간을 쌓아 나가는 것이다. 정직하게 꾸준한 행동을 습관으로 쌓아나가는 시간이 몸에 근육을 만들고, 이 근육은 고스란히 삶에서 멘탈로 연결된다. 꾸준한 실천을 통해 새로운 습관을 일상의 루틴으로 적용해본 경험은 어떤 변화나 문제 상황에서조차 끝내 필요한 움직임을 선택하고 습관을 만들 수 있다는 자신감으로 연결된다. 자신감은 다시 적극적인 몸의 움직임과 연결된다. 몸의 움직임이 늘면 몸의 구성이 바뀐다. 가볍게 움직이는 느낌이 좋아서 더 즐겁게 생활하게 된다. 근육은 움직임이 늘면 쓰임에 따라 적절히 늘어난다. 근육이든 지방이든, 몸에 필요한 만큼만 가지고 있는 것이 가장 건강하다. 필요한 만큼의 적정은 내 멘탈이 행복하고, 하고픈 일에 즐겁게 도전할 수 있는 만큼이다.

몸만들기는 시도와 실패가 거듭된 결과다

그럼에도 많은 사람들의 운동에 대한 목표는 몸만들기를 지향한다. '규칙적으로 운동을 하는 사람'을 상상했을 때 운동의 정도와 강도는 체력과 상황에 따라 조금씩 다르지만, 사람들이 생각하는 몸의 모양shape은 대부분 날씬하고 탄탄한 형태다. 몸의 모양은 오랜 운동 시간이 누적된 결과임에도 불구하고, 운동 습관을 만들려는 사람들이 즉각적으로 원하는 공통된 꿈이다.

"몸이 가벼운, 절제된 삶을 사는 사람은 조금 더 집착이 없고 자유롭지 않을까. 그래서 그들이 부러워."

요가나 필라테스 수업에 가면 요정의 세계에 사는 듯, 마른 몸매에 적당량의 근육을 가진, 몸과 마음이 편안해 보이는 선생님이 있다. 그의 몸이 부럽다가, 그의 삶이 부럽다가, 삶과 몸을 비슷하게 만들어보려다가 이내 저러한 삶은 나로서는 쉽지 않은 것이라며 포기하게 되는 시퀀스. 아마 몸만들기를 목표로 운동을 시작했다가 포기해본 경험이 있다면 누구나 공감하는 패턴일 것이다. 당연히 운동 습관을 만드는 과정은 삶에서 도전하는 다양한 것들만큼 시도와 실패를 거친다. 운동하기로 야심차게 결심했는데 꼭 결심한 다음 날부터 비가 주룩주룩 내려 헬스장 가는 길이 험난하게 느껴진다. 회식이 잡혀 모처럼 한 운동이 수포로 돌아가는 것처럼 느껴진다. 별다른 이유 없이도 사흘 이상은 지속하기 힘든 작심삼일의 덫에 걸리고 만다…. 한 번의 결심이 꾸준히 삶의 습관으로 안착되는 경우는 무척이나 드물다. 특히 운동은 더욱 그렇다. 일반적으로 '몸을 만든다'는 목적을 가지고 운동을 하는 사람들이 빠지는 딜레마는 현재의 몸을 하나의 '문제'로 바라보는 관점이다. 되고자 하는 몸을 생각하며 현재의 몸을 문제로 바라보는 관점은 현재의 몸을 주눅 들게 한다. 즐겁고 활기차게 몸을 움직여도 운동 효과가 있을까 말까인데, 미래의 균형 잡힌 탄탄한 몸을 지향하며 현재의 몸을 채찍질하는 것이다. 바람직한 방향으로 채찍질을 하면 운동에 긍정적인 동기 부여가 되겠지만, 안타깝게도 대부분의 사람들은 현재 자신의 몸을 숨기고 가리려 노력하면서 자신의 몸을 부끄럽게 여긴다. 움직이고 있더라도, 보기 싫게 잡힌 군살을 스스로 부끄럽게 여기며 의식하면 그러한 움직임은 이내 부자연스러워진다. 필자가 생각하는 가장 이상적인 몸은 신체의 습관이 가장 최적화되어 움직임의 주체가 원하는 움직임을 하는 데 자연스럽고 불편함이 없는 몸이다. 건강하고 탄탄한 몸을 갖기를 원한다면 단순히 일주일에 2~3번 운동을 다니는 것이 전부가 아닌, 평상시에 바른 자세와 바른 움직임을 꾸준히 쌓도록 노력해야 한다. 게다가 자세는 심리 상태를 반영하기도 한다. 따라서 자신의 몸을 평가하면서 스스로 위축된 상태에서 드러나는 자세는 오히려 몸을 망가뜨린다. 자신의 움직임에 대한 완성도를 평가하며 위축된 자세를 거듭하는 것은 '되고 싶은 삶'으로 가는 데에 전혀 도움이 되지 않는다. 운동을 하지 못한 날도, 운동을 하러 갔지만 좋은 퍼포먼스를 보이지 못한 날도 스스로를 평가하는 시선에 자주 노출되면 자신감이 떨어져버린다. 심지어 밸런스가 아주 잘 잡힌 몸을 가진 사람도 마찬가지다. 목표 지점까지 도달하는 과정에서의 과도기적인 나를 긍정적으로 받아들이지 못하면, 몸의 좋은 모양 역시 단기로든 장기로든 달성하기 어렵다. 몸을 만드는 과정은 내 몸이 업그레이드되는 소중한 시간이다. 완성 상태의 몸을 따라가는 것에 집착하다 현재와 이상 사이의 갭에 압도되어 지치는 우를 범하지 않으려면 자신의 몸을 있는 그대로 받아들이고, 이상을 향해 자신만의 속도와 방향으로 당당하게 끌고 갈 수 있어야 한다. 부러움을 현실로 데려오는 과정은 그래서 참 어렵다. 타자로 인해 만들어진 부러움이라 할지라도, 현실로 데려오는 과정은 오로지 나와 마주하는 시간에서만 나올 수 있다. 그동안 안 가지고 있었던 무언가—몸매든 열정이든 좋은 습관이든—를 몸에 장착하기까지의 시간은 내 움직임이 차곡차곡 더해져야 하는, 결코 쉽지 않은 시간이다. 대체로 이 시간을 기다리지 못하면 평생 습관으로 만들고 싶었던 그 무언가는 잠깐의 이벤트가 된다. 의지력을 아쉬워하거나 인내심이 없음을 한탄하는 지점이다. 혹은 다른 일에 목표를 갖고 도전할 때에도 주저하고, 또 실패하게 될까 봐 두려워하게 된다. 반면에 과정 자체에 집중해 기꺼이 결과가 오기까지의 시간을 기꺼이 나를 발견하고 성장하는 시간으로 즐길 수 있게 되는 경험은 몸에 그대로 담겨 멘탈이 된다.

운동으로 시도와 실패를 연습하자

안 했던 것들을 습관으로 만드는 일. 성과를 차곡차곡 쌓아가는 일은 결코 쉽지 않다. 운동은 이를 쌓아가는 멘탈을 만들기 위한 시뮬레이션 역할을 한다. 실전의 삶에서, 무언가를 도전하고 실패하는 경험의 반복은 너무나 두렵다. 리스크가 크다. SNS가 고도로 발달한 요즘의 사회에서 무언가를 시도하고 실패하는 경험은 온천하에 드러나는 것만 같은 느낌을 준다. 무언가를 해보겠다고 결심하는 것은 해낼 것을 담보하고 내가 나에게, 또 나를 둘러싼 주변 환경에게 맹세해야 하는 과정이다. 그래서 어렵다. 나이를 먹을수록 도전해야 하는 과제는 어릴 때보다 난이도가 높아져서 더 준비하고 더 공을 들여야 한다. 한 번도 해보지 않은 일이 인터넷에서는 너무 쉬운 일처럼 리뷰와 공략 방법이 무성하다. 검색해볼 수 있는 자원은 넉넉한 듯하지만, 그렇다고 다른 사람의 경험을 내 상황과 상태에 완벽히 적용할 수 있는 것은 아니다. 실패의 무게는 무겁고 처절하다. 그래서인지 현대인들은 늘 피로에 시달린다. 현대의 환경에서 무언가에 긍정적인 마음을 갖고 도전하기란, 아니, 시작이라도 해보기란 쉽지 않다. 그렇다고 아무것도 하지 않는다면 시간이 흘러가는 가운데 나만 혼자 덩그러니 멈춰 있게 될 뿐이다. 멈춰 있는 것 역시 요즘의 시대를 사는 우리에겐 충분히 불안한 일이다.

시행착오와 도전에 아무런 리스크 없이 빠져볼 수 있는 기회가 바로 운동이다. 한 번도 해보지 않은 동작들을 기꺼이 배운다. 당연히 몸은 여기저기 삐거덕거리며 새로운 동작에 필요한 근력과 유연성을 갖추기까지 여러 번의 시행착오를 불러올 것이다. 낯선 동작은 내 몸이 움직이던 동작의 흐름을 바꾸기도 하고, 자연스럽게 늘 경직됐던 부위의 근육이나 근막을 알아채게 해주기도 한다. 건강하지 못한 자세와 습관이 쌓여 있을 때 스스로 내 몸의 밸런스를 알아차리도록 도와주기도 한다. 새로운 운동과 새로운 움직임에 익숙해지기까지 당연히 시간을 비롯한 여러 자원이 투입된다. 낯설었던 무언가에 익숙해지기까지 절대적인 시행착오와 물리적인 시간이 필요하다는 것을 배우게 된다. 그 과정에서 실패와 시행착오를 감당하는 것은 오로지 내 몸뚱이뿐이다. 심지어 실패와 시행착오가 쌓여도 결국 그것이 쌓여 실력이 된다는 것을 배울 수 있다. 전에는 몰랐던 자신의 성격이나 성향도 발견할 수 있다. 예를 들면, 아직 몸이 충분히 만들어지지 않은 상태에서 빠르게 결과를 원할 때의 부작용을 간접 경험할 수 있다. 필자의 경우 요가 강사 자격증 시험을 준비하면서 다리를 양옆으로 찢는 동작을 성공하려고 근육이완제를 먹어가며 시험을 봤다. 시험에는 가까스로 합격했지만, 왼쪽 햄스트링 근육이 찢어져 6개월가량 허벅지 근육을 쓸 때마다 통증에 시달려야 했다. 아는 사람은 알고 모르는 사람은 모르는 나만의 고통을 느끼면서, 순리에 맞지 않는 욕심은 결국 고통을 가져온다는 것을 오롯이 느낄 수 있었다. 괴롭긴 했지만 햄스트링 근육이 회복되는 과정에서 왼쪽 허벅지의 가동 범위는 더 넓어지고 유연해졌다. 과한 욕심이 부른 부상이었고, 부상에서 회복되는 동안 현실을 받아들이며 방비한 시간이 더 나은 실력을 가져다준다는 것을 만약 삶이라는 실전에서 경험해야 했다면, 이보다 더 큰 고통이 수반되었거나 생계에 영향을 주었을지도 모른다.

실력이 늘기까지의 시간과 노력을 들이는 절대적인 과정을 받아들이고, 너무 큰 목표나 완성 동작, 체력에 대한 욕심을 조금만 내려놓으면 할 수 있는 만큼만 즐기면서 차츰차츰 강도나 횟수, 시간을 늘려갈 수 있다. 특정 목표에 대해 어떤 감정의 동요 없이 그냥 아무 생각도 하지 않은 채 운동할 수 있다면, 어느새 새로운 습관이 몸에 담기는 것을 느낄 수 있다. 이 경험이 다른 도전에도 적용된다. 지나고 보니 생각보다 체력이 빠른 속도로 늘었음을 느끼고 나면, 체력은 더 힘찬 움직임이 되고, 집착이나 두려움 없이 도전하는 삶을 살 수 있게 된다. 그야말로 근육이 멘탈이 되는 과정이다. 욕심을 조절해가며 시행착오 역시 오롯이 감내하면서 쌓이는 실력을 경험하는 것, 운동으로 근육을, 근육으로 멘탈을 만들어가는 과정을 경험하고 나면 이내 험난한 삶에서도 조금 더 용기 있게 실패를 마주할 수 있다.

안전지대에서 키워진 근육은 멘탈이 된다

"너랑 있으면 할 수 있을 것 같은 느낌이 들어."

운동 심리 상담을 진행하면서 상담을 받으러 온 분들뿐 아니라 주변 지인들에게 자주 듣는 말이다. 운동이 주는 긍정적 효과를 체감하면서 누구에게나 가볍게, 혹은 습관이 될 수 있도록 운동을 권한다. 이때 가장 중요하게 생각하는 점은 일단 가볍게 시도해볼 수 있도록 독려하는 행동이다. 날씬하고 탄탄한 몸, 튼튼한 근력 등을 목표로 제시하기보다, 일상에서 가볍게 해볼 수 있는 움직임을 제안한다. 이때 상대가 평소 고민으로 여기는 순환의 문제나 골격 구조의 뻐근함 등을 같이 들여다보면 조금 더 쉽게 운동에 대한 관심을 이끌어낼 수 있다. 달리기를 하고 싶어 하는 상대에게 날씨가 너무 좋으니 한번 나가보라고 메시지를 보내기도 하고, 웨이트 트레이닝에 관심이 있는 상대에게 짧은 5분짜리 맨몸 운동 영상을 보내기도 한다. 실패나 실수에 큰 타격이 없는 시도가 거듭되고, 시간이 축적되고 있음을 눈으로 확인하고 나면 조금 더 하고 싶은 마음이 올라온다. 내가 한 일이니, 누구든 할 수 있다. 의심의 여지 없이 할 수 있다.

심리 상담에서는 '안전지대' 구축이 중요하다고 말한다. 여기서 안전지대는 상담자를 말한다. 상담을 받으러 온 내담자가 새롭게 배운 관계 기술을 미리 상담자에게 사용해보며 안도감을 느낀다는 것이다. 따라서 상담자에게 내담자와의 애착 형성을 재구성하는 것은 굉장히 중요한 단계다. 상담자와 내담자가 상담을 이어가는 동안 형성된 안전한 관계가 내담자로 하여금 실제 인간관계에서 안전한 시행착오를 시도해보게 하는 동기 부여로 이어지기 때문이다. 그러나 이는 사실 연습일 뿐이다. 삶에서 일어나는 모든 도전과 시도는 결국 오로지 나 혼자만의 몫이다. 다리가 후들거리더라도, 처음 맞이하는 책임감에 무릎이 떨릴지라도 삶의 숙제는 오롯이 혼자서 해나가야 한다. 매 순간 용기가 필요한 지점은 참으로 많다. '여태까지의 내가 해낼 수 있을까?' 하는 의심은 결국 내 의지와 상황이 뒤섞여 해내야만 하는 과업으로 다가온다. 삶의 숙제가 여러 가지 과업으로 주어지고, 해낼 용기가 필요한 지점에서, 운동은 새롭게 만들어질 움직임의 습관을 리스크 없이 안전하게 실험해볼 수 있는 움직임의 안전지대이자 용기 충전소다. 이때 운동을 하는 것은 괴로움이 아닌, '할 수 있을 것 같아'를 안전하게 몸에 담는, 멘탈 강화 인큐베이팅이다. 도저히 해낼 수 없을 것만 같던 운동 과제를 매일 조금씩 꾸준히 반복하는 것으로 어느새 몸은 놀랄 만큼 변한다. 내가 쏟아 넣은 시간과 노력만큼. 몸은 거짓말을 하지 않는다. 몸 쓰는 경험이 몸을 쓸 줄 아는 경험이 되고, 그 경험은 다른 기회에도 일관성 있게 적용할 수 있는 체험으로 몸속에, 뇌 속에 구조화된다. 즉, 근육은 멘탈을 담는 그릇이 된다. 이렇게 몸을 움직이는 느낌이 즐거워지면 활동 반경이 넓어진다. 운동으로 얻은 간접 경험의 크기는 운동으로 얻은 근육량에 비례한다. 근육량만큼, 미지의 세계에 도전하는 맷집이 세어진다. 내 호기심을 감당할 만큼의 실행력으로 빚어진다. 이렇게 근육은 여간해선 잘 흔들리지 않는 삶의 멘탈이 된다.

몸은
가방이다

몸만들기는 삶에서 적정 비율을 찾아내는 탐구 과정이다

당신은 당신의 몸을 어떻게 바라보고 있는가? 운동 코칭이나 건강 관련한 강의를 나갔을 때 참여자들에게 자신의 몸을 어떻게 보고 있는지 물으면 대체로 어색해하고 부끄러워한다. 몸이 건강하게 잡혀 있는 것처럼 보이는 트레이너들도 그렇다. 미스코리아, 패션모델에게도 콤플렉스가 있다고 하지 않는가. 많은 사람들은 몸을 하나의 멈춰 있는 '상태'로 두고, 이상적인 기준을 정해 그 틀에 맞지 않은 부분을 '콤플렉스'로 정의해 평가하며 몸을 바라본다. 그러나 몸은 하루하루의 움직임이 누적되어 반영된 결과다. 물론 먹는 음식 역시 몸의 사이즈를 구성하는 데 큰 역할을 하지만, 근육의 배치와 군살이 쌓이는 위치 등 몸의 전반적인 모양은 일상에 누적되는 몸의 움직임이 만든다. 우리 몸은 체지방과 근육량뿐만 아니라 골격, 자세, 경직된 근육, 가동 범위와 유연성, 대사와 순환에 대한 여러 가지 작용들이 기능하는 곳이다. 따라서 몸의 모양은 우리가 몸을 바라보는 1분 1초의 시간 흐름 속에서도 쉴 새 없이 변한다. 자주 쓰는 근육, 자주 하는 자세, 자주 먹는 음식, 하루의 생활 패턴 등이 몸에 축적되어 전체적인 몸의 모습을 형성하고 있으며, 어떤 '모습'의 몸이라기보다는 어떤 기능을 하기에 적합한 상태로 쉴 새 없이 최적화된다. 우리 몸의 각각의 기관들이 내 의도에 맞게 주어진 자원을 배치해 그것을 이루기 가장 적합한 상태로 움직인다. 가령, 내가 달리기를 시작하면 몸은 심박수를 올리고 호흡을 빠르게 한다. 체온을 올려 근육들을 원활히 가동시키고 코어에 힘을 준다. 모공이 열린다. 이 모든 작용들은 달리기라는 새로운 상태에 내 몸을 최적화시켜 몸을 변화시킨 결과다. 물론 우리 몸이 아무리 최적화한다 해도 달리기에 익숙하지 않다면 달리기를 하는 동안은 당연히 힘들다(익숙하다 해도 어느 정도의 강도와 속도를 유지하며 달리느냐에 따라 당연히 힘들 수 있다). 그러나 힘들다고 최적화를 하고 있지 않은 것은 아니다. 그러니까 지금 당신이 매일같이 몸무게를 재며 만들고자 하는 몸 이전에, 그 몸으로 무엇을 하고 있는지를 보아야 한다. 당신의 몸이 주로 어떤 기능을 하고 있느냐에 따라, 어떤 욕구를 가지고 어떻게 살아가느냐에 따라 몸의 모양은 확연히 달라질 수밖에 없다. 그러나 우리가 몸을 만든다고 할 때, 대부분의 사람들은 몸의 구성비를 생각하며 근육 증량, 체지방 감량 등의 목표만을 세울 뿐이다. 이러한 목표는 일시적으로 달성할 수 있을지는 몰라도, 달성한 상태를 장기적으로 유지하기는 어렵다. 내 몸이 기능하는 일상의 움직임은 변하지 않은 채로 식단과 운동량만을 변화시켜 '결과를 위한' 움직임을 일시적으로 세팅해놓은 것이기 때문이다. 대체로 어떤 목표를 달성하고자 할 때, 우리는 현재를 돌아보기보다 이상적인 목표를 정해놓고, 현재를 목표에 따라가게 만들며 목표를 달성한다. 그러나 주체적으로 목표를 정해 그 목표를 달성하고자 하는 의지를 가진 사람은 일상을 돌아보고, 목표가 달성된 상태에서 이루고픈 다음 단계의 꿈을 설정한다. 이는 몸을 보는 관점이나 재산을 보는 관점이나 마찬가지다. 목표를 위한 목표는 목표가 달성된 후 일상을 바꾸지 못한다. 그러나 장기적 관점에서 나를 바꾸는 투자는 현재의 일상과 미래의 일상을 비교해보고, 명사로서의 상태가 아닌, 동사로서의 상태를 바꾸고자 하는 시도를 이어간다. 일상이 변화하면 몸의 상태와 구성도 자연스럽게 바뀐다. 몸의 상태와 구성의 겉모습만을 만드는 것이 아니라, 몸의 삶을 바꾸어야 한다. 삶이 바뀌면 삶에 담기는 움직임을 위한 적정 비율이 자연스럽게 달라진다. 우리 몸의 기능을 관장하는 자연의 위대한 힘은 삶에 따라 자연스럽게 몸을 최적화된 비율로 바꿔준다. 이때 우리가 몸을 도와 해야 할 것은 삶의 목표 설정보다는 목적에 맞게 건강한 생활을 이어가며 몸에 담긴 체력, 근력, 체성비의 비율을 잘 관리할 수 있도록 몸의 신호에 집중하는 것이다.

삶에 꼭 필요한 신체 구성의 적정 비율은 사람마다 다르다. 따라서 내 몸에 가장 잘 맞는 비율을 찾기 위해서는 몸의 모양뿐만 아니라 내 몸의 움직임과 건강 상태, 체질, 붓기 등 현재 상태를 세심하게 살피고, 문제가 있는 곳은 개선하면서 이상적인 몸의 상태를 만들어가야 부작용이 없다. 단기에 빠르게 결과를 보려다가는 건강을 잃기 십상이다. 단순히 '근육은 많으면 좋은 것, 지방은 적어야 좋은 것, 하지만 둘 다 너무 많거나 적으면 안 좋은 것'으로 접근하며 몸을 만들기에 삶은 너무나도 복합적이다. '얼마나 많으면? 얼마나 적으면?'의 기준은 '표준'이라는 기준하에 어느 정도 정해져 있다. 그러나 사람의 삶은 모두 다르다. 다시 말하면, 삶에 필요한 근육량이 저마다 다른 것이다. 그렇다면 나는 얼마나 근육을 늘리고 지방을 줄여야 할까? 그에 대한 기준은 오직 나 자신만이 찾을 수 있다. 삶에서 건강한 몸을 가지고 하고 싶은 일, 갖고 싶은 것, 되고 싶은 것 등을 생각해야 한다. 그래서 그것들을 가장 멋지게 이뤄낼 수 있는 체력의 정도, 건강한 상태, 생기 있고 건강한 에너지 등을 생각하며 몸을 만들어야 한다. 그래야만 중장기적으로 보았을 때 삶을 주체적으로 바꾸는 주인이 될 수 있다. 물론 조금 더 오래 걸릴 수 있고, 만들고 싶은 몸의 상태가 정확히 어떤 상태인지 감이 오지 않아 조금 답답할 수도 있지만 말이다. 내 몸무게는 50대 후반에서 60대 초반을 왔다 갔다 한다. 여기서 내 근육량은 많을 때는 26kg 전후, 적을 때는 23kg까지 떨어진다. 그러나 그 이상 올라가거나 그 이하로 떨어져본 적은 없다. 체지방량은 식단에 따라 근육량과 정의 상관관계를 가지기도, 부의 상관관계를 가지기도 한다. 확실한 건 굶지 않는다는 전제하에 근육은 쓰면 늘어난다. 굳이 운동을 말하는 것이 아니다. 활동량이 늘어나고, 출장이 잦아지고, 들고 나르는 짐이 무거워지면 근육은 결코 줄지 않는다. 그리고 근육이나 체지방량에 따라 신체 컨디션도 왔다 갔다 한다. 체지방이 늘면 작은 움직임에도 숨이 차고, 근육이 부족해지면 기운이 생기지 않는다. 삶의 공식에서 운동으로 근육을 어떻게 만들까, 식단으로 지방을 어떻게 줄일까, 라는 질문은 어찌 보면 주객전도다. 운동이나 식단은 생활을 놓고 보았을 때는 극히 작은 부분에 지나지 않는다. 근육과 지방은 우리가 삶을 영위하는 데 필요한 자원이다. 그렇다면 우리는 삶에서 근육으로 무엇을 할까? 혹은 지방으로 무엇을 할까? 과연 사람들은 체성분의 비율이 삶에 어떤 움직임으로 담기는지 생각해본 적이 있을까?

몸에는 현재의 움직임이 담긴다

기계 문명의 산물이 많지 않았던 옛날에는 근육이 많은 사람은 너른 영역까지 무거운 짐을 쉽고 빠르게 날랐다. 반면 지방이 많은 사람은 움직임은 적더라도 부족한 자원 속에서 오래 버틸 수 있었다. 지향이 크고 너른 활동성이라면 신체가 챙기는 체성분 자원은 그에 맞게 편성된다. 당연히 근육이 많아진다. 지향이 안정적으로 오래 버티는 정적 성향이라면 당연히 근육보다는 지방을 많이 만드는 것이 그에게 유리하다. 이 시절에는 지금처럼 몸을 만든다는 개념이 없었을 것이다. 자연스럽게 넓은 반경을 두고 행동하는 사람은 같은 시간을 들이더라도 덜 힘들기 위해 몸을 가볍게 유지했다. 좁은 반경 속에서 안전을 지향하며 사는 사람의 몸은 능동적으로 식량을 구하기 어려운 시기에도 오래 버틸 수 있도록 체형과 체질이 그에 맞는 모습으로 적응했을 것이다. 유전적 정보 역시 오랜 시간에 걸친 행동반경과 성향에 따라 거듭되는 현재의 움직임에 영향을 받는다. 다시 몸을 돌아보자. 그러니까 근육이 많다는 건, 너르고 크게 활동할 수 있게 몸이라는 가방에 그에 맞는 짐을 잘 싸두고 있다는 뜻이다. 그래서 일상 속 운동은 넓고 큰 지향의 준비 작업이다.

호기심을 자유롭게 충족하려는 의도가 근육량을 키우듯, 안전한 상황을 지키고 삶의 터전에서 크게 벗어나고 싶어 하지 않는 사람 역시 몸 가방에 그러한 상태와 움직임이 고스란히 담긴다. 가령 지방은 진드근하고 오래 버틸 수 있게 몸 가방에 싸둔 자원이다. 다만, 오래 버틸 일이 없을 때 체지방은 오히려 자원이라기보다 짐이 된다. 생활 속에서 필요한 적당한 움직임을 이어가기에 너무 무거운 몸을 만든 것이다. 체성비의 비중이 어느 정도의 건강한 범주를 넘어버리면 건강하지 않은 일상이 그대로 유지되도록, 몸은 악순환의 고리에 빠져들게 된다. 체지방이 늘어 몸을 움직이기가 힘든, 움직이기엔 너무 무겁고 귀찮아져버린 몸을 한곳에 내팽개쳐두면 체지방은 늘어날 수밖에 없다. 가만히 늘어져 있으면 식욕도 왠지 더 당긴다. 나는 체지방이 가장 많을 때 근육량도 가장 많았는데 딱히 식단에 신경 쓰지 않았기 때문에 군살이 조금 더 붙었을 수 있었겠지만, 움직이기를 좋아하는 성향으로 운동량이 제법 되었으므로 늘어난 몸무게가 근육도 함께 늘렸을 것이다(근육 생성에 필요한 식단과 에너지는 충분했으니까). 이처럼 라이프스타일은 몸에 고스란히 담긴다. 몸무게가 늘어난다는 것은 중장기적으로는 지방과 함께 근육이 늘어난다는 것이지만, 몸무게를 지탱하기 위해 늘어나는 근육은 그다지 많지 않다. 더구나 지방이 몸에 붙는 속도보다 근육이 몸에 붙는 속도가 훨씬 더디다. 현대인들에게 스트레스는 몸에게 버티는 힘이 필요한 상황으로 인식된다. 스트레스가 많은 상황에서는 지방간, 체중 증가 등의 증상이 나타나기도 한다. 물론 스트레스 때문에 제대로 먹지 못하는 경우에는 반대로 체중이 감소하기도 한다.

단지 몸의 움직임뿐만 아니라, 축적된 몸의 움직임을 통해 강화된 자신감, 호기심 등이 정서적으로도 함께 영향을 주고받는다. 우리 몸의 움직임은 마음의 작용과 연결되어 있기 때문에 마음이 평온하면 자세를 바로 하기도, 새로운 도전을 해내기도, 규칙적인 삶의 규칙을 따라가기도 편하다. 이렇게 밸런스가 잘 잡힌 몸의 상태는 건강함과 연결된다. 그러나 평정심을 잃고 불안한 감정에 빠지거나, 외부의 압박에 심리적으로 위축되면 자세가 무너지고, 생활의 규칙성이 사라져버린다.

이처럼 몸의 원리가 현재의 행동이 담기는 가방의 원리와 비슷하다고 하면, 현재의 움직임을 바꾸는 것으로 몸 가방에 원하는 삶의 방식을 담아 챙길 수 있다. 곤궁한 현실을 이겨내고 삶의 궤적을 바꿔 운명을 바꾼 부자들의 방법 역시 비슷하다. 되고 싶은 삶을 위해 삶의 움직임을 먼저 바꾸고, 움직임을 바꿔서 생긴 에너지를 몸 가방에 담는다. 그러니까 몸을 만든다는 것은 바뀐 몸으로 이뤄낼 것들을 움직임에 미리 담아내는 일련의 작업들을 의미한다.

'요즘 좋아 보인다', '요즘 안돼 보인다' 하는 주변의 말 역시 요즘의 당신을 반영한다. 가장 감량 효과가 확실한 다이어트는 '맘고생 다이어트'라는 말을 들어본 적이 있는가? 당신의 몸은 당신의 현재를 정신적으로건 정서적으로건 육체적으로건 고스란히 드러낸다. 그래서 몸은 당신의 상태를 드러내는 '후행변수'다. 병이 생겼건 걱정이 생겼건 어려운 과제를 수행하고 있건 힘든 산을 넘고 있건 몸은 그에 따라 최선을 다해 변화에 대응하고 적응하는 방식으로 스스로를 변화시킨다. 몸이 우리가 처한 현실에 맞춰 최선을 다해 자신을 바꿔낸다는 것을 믿는다면, 의도적으로 몸이 처한 현실을 바꾸고, 그에 따라 변화해가는 내 몸을 발견할 수도 있다. 흔히 삶은 마음대로 되지 않는다고 일컬어지지만, 계획을 세우고 달성해내는 사람들은 통제 가능한 영역과 불가능한 영역을 구분해, 통제 가능한 영역 내에서 원하는 바를 얻어낸다. 원하는 미래에 닿는 가장 확실한 방법은 현재를 바꾸는 것밖에는 없다.

몸 가방을 의도적으로 구성해보자

몸 가방은 우리가 의식적으로 싸지 않더라도 생활 전반의 삶 양식에 맞게 그에 맞는 적절한 자원을 알아서 챙긴다. 다만 몸 가방이 챙겨지는 메커니즘은 늘 후행변수이기 때문에 말 그대로 '사는 대로', 혹은 '당하는 대로' 형성된다.

몸 가방을 의도적으로 싼다는 것은 미래에 대한 지향을 현재로 가져오고자 준비한다는 의미이고, 살고 싶은 대로 산다는 의미이며, 하고 싶었지만 할 수 없었던 것들을 해내기 위해 능동적으로 준비한다는 의미이다. 늘 가봤던 곳 외에 안 가본 곳을 가기 위해서는 가방 속을 비우고 새롭게 가방을 챙겨야 하는 것처럼 말이다. 당신에게 주어진 가방이 그간 어떤 놀라운 자연성으로 당신을 따라오며 곰살궂게 챙겨주었을지 모르겠다. 하지만 자연의 힘은 무에서 유를 창조하지 못한다. 몸 가방에 쓰레기를 넣으면 체성에 따라 덜 아플 수는 있어도, 안 아플 수는 없다. 반면 내가 할 수 있는 가장 좋은 것들을 찾아 몸 가방에 넣으면 몸은 그에 따라 변한다. 운동을 습관으로 만들어 살며 내가 경험한 것은 몸은 거짓말을 하지 않는다는 것이다. 의도를 세우고 그에 맞춰 삶에 의식적인 규칙을 만들고, 그것을 꾸준히 실행하는 시간이 반복되면 몸은 놀랍게도 내가 원하는 대로 변한다. 몸을 내가 원하는 대로 바꾸는 과정은 버티고 견디는 과정이 아니라 내 인식과 실제의 삶이 하나로 일치되는 것이다. 우리는 늘 바라는 바와 실제의 삶을 일치시키지 못해 내적 갈등을 겪는다. 열심히 하고서도 '이러지 말았어야 했는데' 하며 자책하기도 한다. 이러한 시간들이 삶에 쌓이면 무엇을 어떻게 해야 할지 몰라 갈팡질팡 하게 된다. 내 의지와 관계없이 빠르게 휙휙 돌아가는 삶의 소용돌이 속에서 우리가 믿을 것이라곤 스스로 세운 삶의 원칙뿐이다. 물론, 이 삶의 원칙을 세우는 데 많은 선각자들이나 롤모델의 모습을 참고할 수는 있다. 하지만 그들이 알려주는 수많은 진리를 내 삶의 하나의 원칙으로 가져오는 것은 오롯이 나의 몫이다. 성공한 사람들은 누군가가 간 길을 따라 걷지 않는다. 설사 누군가가 간 길과 똑같은 길을 선택했을지라도, 자기만의 방식으로 자기만의 길을 만들며 걸어간다. 자기만의 길을 만들며 걸어가는 현재의 시간들은 미래의 내 몸에 고스란히 담긴다. 그래서 몸은 내가 살아온 삶 시간의 역사다. 누구에게나 잊어버리고 싶은 과거는 있기 마련이지만, 그 시간마저도 내 몸은 오롯이 기억하고 있고, 반영하고 있다.

가방에 무엇이 든 줄도 모르고 길을 가는 사람은 결국 자신의 혼란스러운 가방 때문에 곤란함에 처하게 된다. 한껏 무겁게 진 가방에 무엇이 들었는지 모르며, 내가 무엇을 챙겼는지, 혹은 챙기지 못했는지를 명확히 알지 못하더라도 가방의 무게만을 감당하며 걸어가야 한다. 내가 견디는 무거움이 무엇을 위한 무거움인지 알지 못한다. 다만 무겁기 때문에 혹시라도 필요한 것들이 가방에 있을 거라 믿고 그에 의존한다. 그러나 결정적으로 필요한 무언가가 생겼을 때, 가방에서 찾기도 어렵고 찾은 무언가가 딱 맞게 들어맞는 무언가라는 보장도 없다. 인생이라는 험난한 여정에서 어떤 상황이 어떻게 찾아올지 모르지만 의연하게 잘 이겨낼 수 있도록 가방을 잘 챙기는 건 굳이 강조하지 않아도 중요한 일이다. 무엇을 얼마나 가져가는 줄 모르고, 어떻게 써야 하는 줄 모른 채로 떠나는 여행이라니, 위태롭지 않은가. 잘 싼 가방은 기본과 본질에 충실한 가방이다. 이것저것 잡동사니가 많은 가방보다 어떤 상황에든 확장성 있게 활용이 가능한 원 소스 멀티 유즈의 아이템을 몸에 잘 챙기는 것이 중요하다. 내가 잘 활용할 수 있는 아이템이 있다면 그것은 곧 그 아이템에 대한 내 이해도가 높다는 뜻이다. 삶을 꾸려갈 몸 가방을 잘 챙기기 위해서는 깊이 있는 이해가 필요하다. 내 체질과 체력, 근력, 방어 기제, 연약한 부분, 강인한 부분 등 몸

과 마음이 주는 신호를 세심히 알아차리고 환경이 변했을 때 드러
내는 몸과 마음의 반응을 알아차리는 것. 규칙적이고 안정적인 삶
의 루틴을 짜고, 외부 환경이 만드는 폭풍에 나를 쉽게 휘말리도록
두지 않는 것. 당신이 몸 가방에 챙길 것들은 언제나 본질과 원칙
에 충실한 '삶의 현재'다. 누구든 기질과 지향에 맞는 가방을 잘 싸
서 필요한 자원을 쉽게 꺼내 쓸 수 있게 돕고 싶다. 안타깝게도 우
리는 가방은 받았지만 가방을 잘 관리하는 법을 제대로 배운 적이
없기 때문이다.

결국 내게 주어진 가방을 잘 활용하는 방법은 운동을 통해 내 몸
을 필요한 상황에서 잘 쓸 수 있도록 단련하는 행동이다. 내 몸이
필요한 만큼의 체지방과 근육량을 세심하게 체크하며 몸을 잘 돌
보는 관심과 노력이 필요하다. 가방을 쌌을 뿐인데 나를 사랑하는
시간을 쌓게 된다. 좋은 몸 가방을 싸는 이들의 노하우를 엿보면,
내 몸 가방을 싸는 노하우도 생기게 된다. 따라 하다 보면 나만의
룰도 생긴다. 나만의 멋진 몸 가방을 싸보자. 당신의 몸 가방이 당
신뿐만 아니라 당신 주변의 사람들에게도 즐거운 영향을 미친다.

진정한 부자는
근筋테크한다

지금까지 우리가 걸어온 여정은 부자가 되려면 가장 먼저 투자해야 할 대상이 왜 몸인지를 밝히고, 꾸준히 근력을 단련하는 길이 롱런하는 법임을 깨우치는 몸 수업이었다. 여기까지 책장을 한 장한 장 넘겨온 독자들은 이제 어느 정도 감이 올 것이다. 부자와 건강한 사람의 의미가 이 책에서만큼은 크게 다르지 않음을. 필자들은 운동 자체를 업으로 하는 대단한 전문가가 아니다. 그러나 어느 순간부터 운동을 삶의 일부로 두고, 매일 운동을 하며 운동을 중심으로 일어나는 삶의 변화들에 대해 연구해왔다. 삶에는 늘 저마다의 굴곡이 있다. 그 굴곡을 굽이굽이 넘어가는 과정을 하나둘 거듭할 때마다 삶의 내공이 늘어난다. 그러나 어떤 사람들은 내공이 늘기는커녕 매번 같은 불안에 시달리고, 같은 패턴의 실수를 반복한다. 중요한 것은 어떤 문제가 삶에서 닥쳤는가가 아니다. 문제를 바라보고 접근하는 태도다. 대부분은 삶의 내공을 이 '태도'에서 찾는다. 누구나 어떤 상황에서건 평정심을 유지하고, 스스로에게 유리한 판단과 선택을 하고 싶어 한다. 멘탈 트레이닝, 멘탈 코칭이 스포츠 선수뿐 아니라 일반인들에게 관심을 얻고 있는 이유도 이 때문일 것이다.

이 책은 움직임이 어떻게 삶에 의미를 다르게 만들어내는지, 이른바 운동이 멘탈을 어떻게 단단하게 만드는지에 대한, 필자들의 경험과 다양한 이론들을 바탕으로 쓰였다. 즉, 멘탈로 몸을 통제하려는 기존의 시도를 뒤집어 몸으로 멘탈, 즉 정신을 통제하려는 시도를 담아냈다. 궁극의 진리는 통한다고 했던가. 이러한 일련의 과정은 부자들이 부를 축적하고 향유하며 행복한 삶을 살아가는 방식과도 일맥상통한다.

대부분의 사람은 몸은 움직이지 않으면서 마음만 먹고 결심만 반복한다. 몸이 결심 공판에 넘어가는 이유는 그 때문이다. 마음도 많이 먹으면 살찐다. 줄곧 마음만 먹고 시도는 하지 못하는 망설임도 습관이 된다. 이런 망설임의 습관을 행동으로 바꾸는 방법 중 하나로 우리는 운동을 제안한다. 늘 주저하던 일상에 작은 틈을 내고, 작은 틈 사이에 해보지 않았던 움직임을 끼워 넣는다. 그냥 움직임이 아니다. 온몸의 근육에 최대한의 힘을 주어 할 수 있는 만큼 노력해본다. 온몸의 대사가 시원하게 흐르고 막힌 곳이 뚫리는 느낌을 느껴본다. 이마 위로 굵은 땀방울이 흐른다. 그야말로 '살아 있다'는 느낌을 느껴본다. 해보지 않았던 도전을 해내는 것으로 성취감과 자기효능감이 올라오고, 짧은 시간이지만 기분이 바뀐다. 땀을 내어 운동을 하는 데에는 많은 시간이 필요하지 않다. 하루에 고작 15분 정도로도 몸에 열이 올라오고 기분이 상쾌해진다. 하루 15분이라도 줄곧 쌓이면 몸에는 건강한 흐름이 생긴다. 몸에 생긴 흐름이 멘탈로 이어진다. 이제까지 우리는 욕구를 목표로, 목표를 현실로 이뤄내는 데 마음력과 의지력을 발동시키기 위한 노력을 해왔다. 그러나 우리는 안다. 어떤 욕구는 현실이 되고, 어떤 욕구는 시도되지 못한 채 무의식에 매몰된다는 것을. 그동안 의지력과 실행력을 탓하며, 실현된 목표들에 대해서는 운이 좋았다고 치부해왔다면, 부족했던 것은 의지력과 실행력이 아니라 시도하는 근육이었음을 상기해보자. 부자가 돈을 바라보는 관점에는 욕구를 발견하고, 그를 실천할 수 있는 환경을 만들고, 심플한 계획을 세우며, 시도하고 시행착오를 개선해 나가는 일련의 흐름이 담겨 있다. 부자는 한 번에 되는 것이 아니다. 자신이 투자하는 시간과 자원에는 시도의 법칙이 있다. 이 시도의 법칙을 가장 건강하게 해낼 수 있는 멘탈을 갖추려면 우선 몸에 투자해야 한다. 어떤 생각이든 실천으로 드러나야 성과로 이어진다. 생각을 실천하는 모든 행동은 몸에서부터 나온다. 당신의 능력으로 추진하기 어려운 일에 도전하기 위해서는 체력과 근력이 있어야 한다.

우리는 진정한 부자가 되기 위해서는 지금 당장의 재테크보다 장기전에서도 견뎌내고 감당할 수 있는 근筋테크를 시작해야 한다. 근테크 없이는 재테크도 없다. 부자들은 근력이 최고의 자본이고 권력이며 매력이라는 진리를 안다. 운동으로 몸을 단련하면 시간에 끌려 다니지 않고 시간을 자기주도적으로 통제하고 조정할 수 있는 자율성이 생긴다. 진짜 부자는 자기를 시간의 중심에 두고 배분하고 그 속에서 여유를 찾아 삶을 즐긴다. 부자는 언제나 넘치는 호기심을 갖고 미지의 세계를 향해 도전하면서 성취감을 맛본다. 부자가 자신이 하는 일에 자긍심을 갖는 밑바탕에는 평소 몸에 투자한 눈물겨운 노력이 있다. 여러분이 남은 인생을 주도적으로 펼쳐 나가기 위해서는 흔들리되 뿌리가 뽑히지는 않도록 버티고 견딜 수 있는 몸에 투자해야 한다.

운동하기 가장 좋은 때는 지금이다. 운동하는 방법을 사전에 구상하고, 어떻게 시작할지 연구하고 검토할수록, 운동은 시작되지 않는다. 운동을 시작하는 단 한 가지 강력한 방법은 지금 바로 시작하는 행동이다. 일단 시작하면 굳었던 몸도 풀리면서 안 쓰던 근육도 움직이기 시작한다. 시작하면 방법이 보인다. 이 책을 다 읽도록 운동을 시작하는 방법을 연구하고 있거나 아직도 운동하기 가장 좋은 때를 기다리는 사람에게 마지막으로 주고 싶은 메시지가 있다.

'완벽한 때를 기다리다 몸에 때만 낀다.' 여러분의 인생을 지금부터 바꿀 수 있는 가장 강력한 단 한 가지 방법은 지금 바로 운동을 시작하는 결연한 움직임이다. 몸이 움직이면 생각이 따라오고 마음도 움직인다. 여전히 의심된다면 지금 바로 운동을 시작해보라. 이 책이 당신의 운명을 바꾸는 혁명적인 출발점이 될 수 있기를 기원한다.

미주

1 무라카미 하루키 지음, 임홍빈 옮김, 《달리기를 할 때 내가 하고 싶은 이야기》, 문학사상, 2009.

2 롤프 도벨리 지음, 유영미 옮김, 《불행 피하기 기술》, 인플루엔셜, 2018.

3 켈리 맥고니걸 지음, 박미경 옮김, 《움직임의 힘》, 로크미디어, 2020, 201쪽.

4 켈리 맥고니걸 지음, 박미경 옮김, 앞의 책.

5 켈리 맥고니걸 지음, 박미경 옮김, 앞의 책.

6 신형철 지음, 《느낌의 공동체》, 문학동네, 2011, 363쪽.

7 강신주 지음, 《감정수업》, 민음사, 2013, 478쪽.

8 이성복 지음, 《네 고통은 나뭇잎 하나 푸르게 하지 못한다》, 문학동네, 2001, 92쪽.

9 정철 지음, 《내 머리 사용법》, 허밍버드, 2015.

10 유영만 지음, 《지식생태학자 유영만 교수의 생각사전》, 토트, 2014.

11 유영만 지음, 《체인지(體仁智)》, 위너스북, 2018.

12 문요한 지음, 《이제 몸을 챙깁니다》, 해냄, 2019.

13 신영복 지음, 《담론》, 돌베개, 2015, 20쪽.

14 록산 게이 지음, 노지양 옮김, 《헝거: 몸과 허기에 관한 고백》, 사이행성, 2018, 38쪽.

15 율라 비스 지음, 김명남 옮김, 《면역에 관하여》, 열린책들, 2016, 246쪽.

16 율라 비스 지음, 앞의 책, 248쪽.

17 율라 비스 지음, 앞의 책, 36쪽.

18 율라 비스 지음, 앞의 책, 188쪽.

19 김승섭 지음, 《아픔이 길이 되려면》, 동아시아, 2017, 21쪽.

20 다이앤 애커먼 지음, 백영미 옮김, 《감각의 박물학》, 작가정신, 2004, 7쪽.

21 시민건강연구소 지음, 《몸은 사회를 기록한다》, 낮은산, 2018.

22 록산 게이 지음, 앞의 책, 59쪽.

23 프리드리히 니체 지음, 시라토리 하루히코 펴냄, 박미정 옮김, 《니체의 말 II》, 삼호미디어, 2014.

24 백승영 지음, 《니체, 디오니소스적 긍정의 철학》, 책세상, 2005.

25 남세희·박성규 지음, 《바른 몸이 아름답다》, 중앙일보플러스(주), 2007.

26 고미숙 지음, 《읽고, 쓴다는 것, 그 거룩함과 통쾌함에 대하여》, 북드라망, 2019.

27 프리드리히 니체 지음, 장희창 옮김, 《차라투스트라는 이렇게 말했다》, 민음사, 2004.

28 엄기호 지음, 《고통은 나눌 수 있는가》, 나무연필, 2018.

29 미하이 칙센트미하이 지음, 최인수 옮김, 《몰입 flow》, 한울림, 2004.

30 하선아 씀, 〈차크라 개론〉, 요가저널코리아, 2016.

31 유영만 지음, 《이런 사람 만나지 마세요》, 나무생각, 2019.